THÈSE

POUR

LE DOCTORAT,

PRÉSENTÉE PAR

JULES-AUGUSTE BLANCHARD,

AVOCAT A MARSEILLE.

AIX,

IMPRIMERIE DE PARDIGON, RUE D'ITALIE, 9.

1856.

THÈSE

POUR

LE DOCTORAT,

PAR

J.-A. BLANCHARD,

Avocat à Marseille.

De la puissance paternelle à Rome. — De la condition des enfants naturels simples, incestueux et adultérins en Droit Français.

THÈSE

POUR

LE DOCTORAT,

Présentée le   Janvier 1856.

PAR

JULES-AUGUSTE BLANCHARD,

AVOCAT A MARSEILLE.

AIX,

IMPRIMERIE DE PARDIGON, RUE D'ITALIE, 9.

1856.

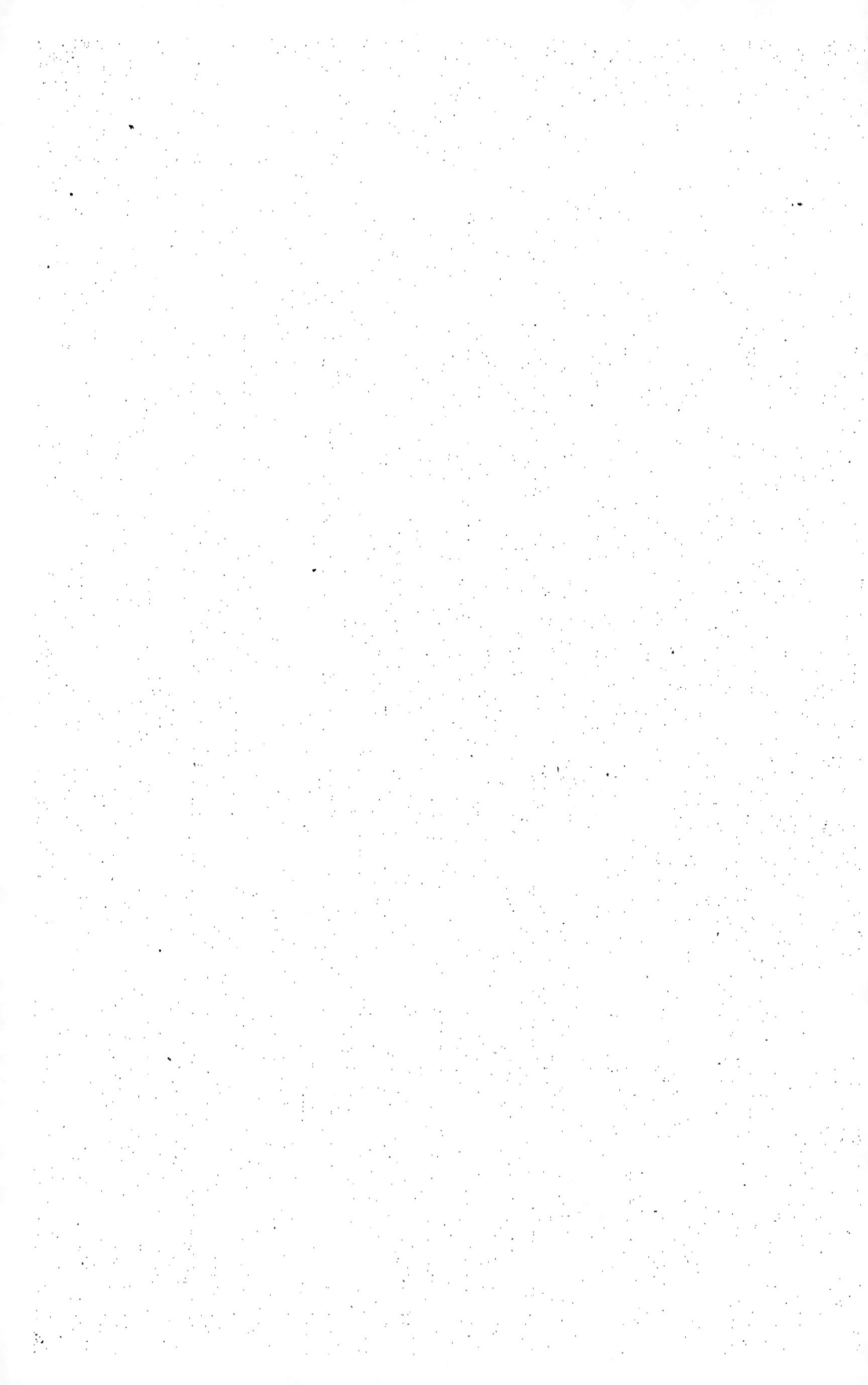

A mes Professeurs.

A M. JUSTIN LAURENS,

Chef d'Institution à Marseille.

Son Élève reconnaissant.

On sera peut-être tenté de nous reprocher le peu d'harmonie qui existe dans les diverses parties de notre travail. Certains points, en effet, sont traités avec quelques détails, d'autres ne sont indiqués que d'une manière sommaire.

Ce reproche serait fondé si nous venions présenter aujourd'hui un ouvrage de doctrine, destiné aux étudiants ou aux hommes de lois; on nous accuserait, avec raison, de n'avoir pas mesuré notre œuvre à nos forces ou d'avoir manqué de courage dans l'accomplissement de la tâche que nous nous sommes imposée.

Mais on nous pardonnera en songeant que ceci n'est que l'œuvre d'un élève, une œuvre qui ne doit être lue que par des juges; que l'on ne doit point chercher ici la science acquise, mais se demander si nous avons mérité de recevoir le titre qui doit marquer le terme de nos études spéculatives, c'est-à-dire faites surtout à un point de vue général, et après lesquelles des études plus lentes, plus approfondies, et la pratique de tous les jours nous amèneront forcément dans les détails. Nous avons dû, dès lors, insister sur le coup-d'œil général, sur le point de vue d'ensemble; il fallait donc choisir des sujets assez vastes et en tracer l'ordre à grands traits pour répondre au but que nous nous proposions; après cela, si nous avons jeté par-ci par-là quelques détails, nous l'avons fait pour que nos maîtres puissent voir si nous avons suffisamment compris la méthode qu'ils se sont efforcés de nous tracer à l'école et qui doit nous servir de fil conducteur dans toute notre carrière.

DROIT ROMAIN.

DE LA PUISSANCE PATERNELLE.

AVANT-PROPOS.

Gaius a dit, en parlant de la puissance paternelle, *fere nulli alii sunt homines qui talem in filios suos habent potestatem qualem nos habemus* (Gaïus, C. I, § 55). C'est ce mot qui a dirigé notre choix quand nous avons pris la puissance paternelle pour sujet de notre dissertation en Droit Romain.

Pour satisfaire aux exigences de notre programme, il nous faut traiter un sujet de Droit Romain et un sujet de Droit Français ; nous aurions pu remplir ce cadre en choisissant la même matière dans les deux législations, comme l'ont fait la plupart de nos devanciers ; cela nous aurait offert un avantage précieux, c'est que nous aurions pu suivre la marche et le développement historique du Droit depuis l'enfance de ce peuple dont les travaux juridiques ont mérité le nom impérisable de *raison écrite*, et voir comment, par des transformations successives, il en est arrivé à l'état qui se trouve formulé dans nos lois modernes. Cette méthode, en même temps qu'elle nous eût permis de faire ainsi un tout complet, nous eût offert l'occasion de présenter plus d'un rapprochement intéressant et utile. Nous ne nous sommes point dissimulé tous ces avantages et nous reconnaissons que le système que nous venons d'indiquer serait le plus logique et le plus rationnel ; aussi avons nous longtemps et sérieusement songé à l'adopter. Mais la difficulté de trouver, dans les deux législations, un sujet parfaitement correspondant sans tomber dans des sentiers par trop battus et surtout, nous ne le cacherons pas, puisque c'est ordinairement la raison déterminante, en pareille circonstance, un goût tout particulier pour la matière des enfants naturels qui fera l'objet de notre discussion en Droit Français, nous ont empêché de réaliser notre première pensée.

Libre dès lors dans le choix de notre sujet de Droit Romain, nous avons cru ne pouvoir pas mieux faire que de diriger nos études vers une matière qui nous offrît un caractère tout spécialement Romain, qui nous permît de signaler un de ces traits par où se révèle le génie vraiment national de ce grand peuple. Rien ne répondait mieux dès lors à notre pensée que la théorie de la puissance paternelle , comme le prouve le témoignage de Gaïus.

CARACTÈRES GÉNÉRAUX DE LA PUISSANCE PATERNELLE A ROME;
COUP-D'OEIL SUR L'ORGANISATION DE LA FAMILLE ROMAINE.

Il faut, en entrant dans cette matière, déposer, comme le dit un savant professeur, les idées de notre législation et même les termes de notre langue.

Les idées; chez nous, en effet, l'enfant forme dès sa naissance une personne parfaitement distincte de celle de son auteur, une personne capable d'avoir des biens et des intérêts propres; dès lors une idée toute de protection pour celui qui est faible a dû dicter l'institution et l'organisation de la puissance paternelle. L'homme est, jusqu'à un certain âge, dans l'impossibilité de se diriger par lui-même, de veiller à ses propres affaires; la loi a dû confier le soin de sa personne et de ses biens à un être plus fort et tout d'abord au protecteur que la nature a placé elle-même à côté de l'enfant, à son père. Mais aussi, avec un pareil caractère, la puissance paternelle ne peut avoir qu'une durée essentiellement temporaire; elle doit expirer quand la faiblesse elle-même cesse (art. 372, Cod. Nap.)

A Rome cette même pensée de protection se retrouve dans l'institution de la tutelle; elle est révélée par la philologie seule *(tutela* de *tueri)* et, du reste, elle est énoncée en termes formels par les jurisconsultes : *Tutela est.... potestas.... ad tuendum eum qui propter ætatem se defendere nequit* (I. Dig. 26, 1. Inst. 1, 13, § 1). Mais il n'en est pas de même de la puissance paternelle; cette puissance, loin d'exister dans l'intérêt de l'enfant, est au contraire toute et exclusivement dans l'intérêt du père. L'enfant n'a point de personnalité propre, pas de patrimoine à lui, sa personne se confond et s'absorbe dans celle de son père; il est en quelque sorte un instrument destiné à travailler sans cesse à l'enrichissement du père; tous les biens qu'il pourra acquérir deviendront la propriété exclusive et absolue de celui-ci. Aussi cette puissance ne finit-elle pas par l'arrivée de l'enfant à tel ou tel âge; elle dure tant que le père vit quel que soit d'ailleurs l'âge ou la condition de l'enfant, sauf quelques exceptions que nous signalerons plus bas.

Tels sont du moins les principes du Droit Romain pur, primitif. Nous verrons, en suivant la marche historique et détaillée de la législation, que ces règles ont subi des modifications successives sous l'influence d'idées et de causes diverses; et nous aurons à constater un dernier état qui se rapprochera en bien des points de notre législation moderne.

Nous avons dit que les termes mêmes de notre langue n'étaient point applicables à la législation Romaine. C'est ainsi que les expressions *pater familias*, *mater familias* ne désignent point, à Rome, l'homme ou la femme qui a des enfants, mais bien celui qui n'est pas soumis à la puissance paternelle; de sorte que l'enfant qui, dès sa naissance, se trouve affranchi de cette puissance, l'enfant posthume, par exemple, est aussi, dès sa naissance, *pater familias* ou *mater familias*. De même, les expressions *filius familias* et *filia familias*, ne réveillent point chez celui à qui on les applique l'idée d'un âge encore tendre ; c'est la désignation que l'on donne à toute personne soumise à la puissance paternelle.

C'est ainsi encore que les mots enfant légitime, ne désignent point celui qui est né en mariage, mais bien celui qui est sous la puissance de son père ; de telle sorte que l'enfant né en mariage ne sera point dit légitime s'il a cessé d'être au pouvoir de son père.

L'organisation de la famille Romaine présente, avec notre famille, une différence aussi radicale que celle que nous venons de signaler entre la puissance paternelle à Rome et cette même puissance chez nous.

Chez nous, la base de la famille c'est le lien du sang produit par le mariage et la génération, indépendamment de toute relation de puissance. Ainsi, le père a sous sa puissance tous ses enfants jusqu'à leur majorité ; à ce moment le lien se brise et chacun des enfants mâles devient capable d'avoir des enfants qui seront soumis à sa puissance exclusive ; les enfants de filles seront sous la puissance de leurs pères ; mais tous sont encore dans la famille de l'auteur commun parce qu'ils lui sont unis par le sang.

A Rome, le mariage est bien une des sources de la famille, ainsi que nous le verrons plus bas, mais ce n'en est pas, comme chez nous, la base essentielle. Là, en effet, la famille n'est point l'ensemble des personnes qui sont unies par le lien du sang ; ce lien que l'on désigne sous le nom de *cognatio* est laissé dans l'ombre par la Loi Romaine ; elle en tiendra compte, en matière d'empêchement au mariage, pour défendre l'inceste de la mère et du fils ; mais en dehors de là elle ne le comptera pour rien. La véritable famille Romaine a sa base dans des considérations d'un ordre tout à fait différent ; la véritable parenté civile, la seule qui donne naissance à des droits et à des obligations dans le domaine des relations civiles est ce que l'on appelle l'*agnatio*; ce lien a son fondement dans un rapport exclusif de puissance.

Ainsi, le père a sous sa puissance tous ses enfants mâles ou filles; ces enfants sont avec lui dans les mêmes liens d'agnation. Si ses enfants mâles se marient et qu'ils aient des enfants, comme ils ne peuvent rien avoir en propre vis-à-vis de leur auteur, leurs enfants tomberont sous la puissance de cet auteur ; ils seront entre eux agnats, ils le seront par rapport à leur père, à leur aïeul et à tous ceux que leur aïeul tient sous sa puissance. Il en sera de même des descendants des petits-fils et de tous les descendants *per virilem sexum*. Remarquons, du reste, que le lien d'agnation subsistera même après la mort de l'auteur commun entre tous ceux qui étaient sous sa puissance médiate ou immédiate, au jour de son décès. Si, au contraire, l'un des agnats vient à être affranchi de la puissance paternelle avant la mort de l'auteur, par l'émancipation, il sort de la famille, le lien d'agnation est rompu.

Quant aux enfants des filles, ils ne tombent point sous la puissance de leur mère, car les femmes sont incapables d'exercer la puissance paternelle. Ils ne sont donc point dans la famille de leur aïeul maternel; ils sont en dehors des liens d'agnation. Et il en sera de même de tous les descendants qui seront issus d'une fille ou petite-fille, etc. (Gaïus, C. III, § 10. Inst. I, XV, §1).

Dans le sens que nous venons d'indiquer, l'agnatio est un lien plus étroit que la famille naturelle telle que nous l'entendons; elle ne comprend, en effet, que les parents qui, chez nous, porteraient le nom de l'auteur commun; mais elle concourt toujours avec le lien du sang. En nous plaçant à un autre point de vue, nous allons élargir le cercle des agnats et montrer le vrai caractère de cette parenté purement fictive créée par la législation Romaine. Un homme n'a pas sous sa puissance que les enfants auxquels il a donné le jour dans le mariage; il peut acquérir ce droit sur des enfants étrangers au moyen de l'adoption que nous aurons à étudier plus bas; quelle sera la position de ces enfants? Ils seront dans la famille comme ceux que nous y avons classés plus haut; ils y seront absolument avec les mêmes droits; en un mot, ils seront de véritables agnats.

Ainsi, la famille Romaine ne se fonde point, comme la nôtre, sur le lien du sang; pour la loi Romaine, il n'y a de parenté que celle qui dérive des rapports de puissance; là où expire la puissance du chef de famille, là aussi s'arrête la famille. La femme elle-même, la mère des enfants n'entre point dans la famille par le fait seul du mariage. Elle n'est point l'*agnata* de ses enfants parce que le mariage ne confère au mari aucun droit, aucune autorité sur sa femme. Que si elle veut entrer dans la famille, il lui faut se soumettre à la *confarreatio*, à la *coemptio* ou à l'*usus*. Alors son mari acquiert sur elle une puissance connue sous le nom de *manus* dont nous dirons plus bas quelques mots ainsi que des événements qui lui donnent naissance, mais dont le caractère se ré-

2.

sume en ce mot de Gaïus (C. I, §§ 110, 111), c'est qu'elle place la femme, par rapport à son mari, dans une position identique à celle d'une fille, *loco filiæ*.

Voilà, d'une manière générale et sommaire, les principaux traits de la puissance paternelle et de la famille à Rome. Ces traits seront développés et précisés dans le cours de notre dissertation ; mais nous avons cru devoir en donner tout d'abord un aperçu afin de nous faciliter l'exposé de ce qui va suivre.

DIVISION DU SUJET.

Une division écrite dans la nature même des choses et que nous n'avons qu'à suivre, nous permettra de traiter avec ordre les diverses branches de notre sujet ; nous nous demanderons d'abord quelles sont les sources de la puissance paternelle ; la supposant ensuite établie, nous chercherons quels en sont les effets ; nous rechercherons, enfin, en troisième lieu, quelles sont les causes de dissolution de la puissance paternelle.

PREMIÈRE PARTIE.

Sources de la puissance paternelle.

La première source de la puissance paternelle c'est le mariage ; les enfants nés en légitime mariage tombent sous la puissance du père ; il nous faudra voir, dans un premier chapitre, à quelles conditions est soumise l'existence du mariage. En dehors du mariage un individu peut entretenir commerce avec une femme et en avoir des enfants ; ces enfants ne tombent point sous sa puissance en naissant ; nous aurons à rechercher, dans un chapitre deuxième, si ces enfants ne peuvent pas être ramenés sous cette puissance par un événement postérieur ; ce sera la seconde source de la puissance paternelle, la théorie de la légitimation. Enfin, nous aurons à nous demander si un homme peut et comment il peut soumettre à sa puissance paternelle des enfants auxquels il n'a pas donné le jour ; ce sera la troisième source de cette puissance, la théorie de l'adoption.

CHAPITRE PREMIER.

DU MARIAGE.

Le mariage, *justæ nuptiæ*, *matrimonium*, qui nous est indiqué comme la première source de la puissance paternelle sur les enfants auxquels il donne naissance. (Gaïus, C. I, § 55. Ulp., frag. V, § 1. Inst. I, IX. Pr.) est défini par un fragment de Modestin (1 Dig. 23, 2.) *Conjunctio maris et feminæ, consortium omnis vitæ, divini et humani juris communicatio*, et par Justinien (*loc. cit.* § 1), *viri et mulieris conjunctio individuam vitæ consuetudinem continens.*

A quelles conditions l'union de l'homme et de la femme méritera-t-elle d'être comprise dans ces définitions pompeuses? à quelles conditions sera-t-elle une source de la puissance paternelle? c'est ce qu'il nous faut examiner ici.

Pour qu'il y ait mariage, il faut: que les parties aient le *connubium*; qu'elles soient pubères; qu'elles consentent; qu'elles obtiennent le consentement des personnes sous la puissance desquelles elles se trouvent. (Ulp. frag. V, § 2).

Disons quelques mots sur chacune de ces conditions.

§ I.

Du connubium.

Ulpien définit le connubium *uxoris jure ducendæ facul-tas*, (frag. V, § 3); nous pouvons traduire cela en disant que le connubium est la capacité légale qu'ont respecti-vement les parties de se prendre pour époux. (Arg. Ulp. ibid., § 2 et Gaïus, C. I, § 59). Pour savoir quelles sont les personnes qui ont cette capacité nous n'avons qu'à nous demander quelles sont celles qui ne l'ont pas et nous aurons, par a contrario, la théorie du connubium.

Les causes qui rendent deux personnes incapables de contracter un légitime mariage sont absolues ou relatives; nous signalerons leur caractère à mesure que nous al-lons les parcourir. Ce sont les suivantes :

1° Absence de la qualité de citoyen chez l'une des parties. C'est là une incapacité absolue ; la personne qui manque de cette qualité ne peut, à Rome, contracter ma-riage avec personne.

Tels sont les principes rigoureux du Droit Romain pur ; mais il paraît qu'à partir d'une époque, que l'on ne peut préciser, ont permis aux citoyens de s'unir en mariage avec des Latins et même des pérégrins. Cependant, ce ne fut jamais admis comme une exception géné-rale au principe ; la permission n'existait que pour celui à qui (probablement) une loi sous la République et une constitution sous l'Empire l'avait permis. (Ulp., frag. V, § 1. Tite Live 38, 36 et 10, 3. Gaïus, C. I, §§ 56 et 57).

2º Un premier mariage. C'est encore un obstacle absolu ; la polygamie était défendue à Rome. (Gaïus, C. I, § 63. Inst. I, X, §§ 6 et 7).

3º La parenté ou l'alliance au degré prohibé. Ceci est un empêchement relatif, car chacun des deux époux, s'il n'a pas, du reste, d'autre cause d'incapacité, peut valablement contracter mariage avec un tiers.

Mais quelle est la parenté ou l'alliance qui forme un obstacle au mariage? Les règles sont faciles à formuler :

Le mariage est prohibé entre parents en ligne directe à l'infini, et il n'y a pas à distinguer si c'est un lien de parenté purement civile ou naturelle, ou mixte; même la *servilis cognatio*, la parenté entre anciens esclaves est un obstacle au mariage (8, 14, § 2 et 54. Dig. 23, 2. Inst. I, X, § 10). La parenté purement civile constitue un obstacle qui subsiste alors même que le lien est rompu. Un individu ne peut pas épouser celle qui a été sa fille adoptive alors même qu'il l'a émancipée (55, Dig. 23, 2. Gaïus, C. I, § 59) [1].

En ligne collatérale, le mariage est prohibé toutes les fois que l'un des deux conjoints est au premier degré de l'auteur commun. Une seule exception a existé à ce principe, c'est la permission d'épouser la fille de son frère (et non de sa sœur) accordée, dans une constitution, par l'empereur Claude, quand il voulut épouser Agrippine avec qui il était parent à ce degré. Constantin supprima cette exception et rétablit la règle dans toute

[1] Comparez, art. 161, 348, Cod. Nap.

sa pureté. Il paraît qu'une exception en sens inverse avait défendu les mariages entre cousins. Mais elle n'a eu qu'une durée très courte, car Gaïüs et Ulpien n'en parlent pas, et une constitution de Arcadius et Théodose nous apprend que cette défense n'existe plus (19 Code 5, 4). Il n'y a pas non plus à distinguer ici entre la parenté civile, naturelle ou mixte sauf en un point, c'est que la parenté civile n'est un obstacle que tout autant que le lien subsiste; s'il se brise, le mariage devient possible; ainsi, on peut épouser celle dont on a été le frère adoptif, si l'un des deux est sorti de la puissance de l'auteur (17, Pr. § 1. Dig. 23, 2. Gaïüs, C. I, §§ 60, 61, 62. Ulp. frag. V, § 6. Inst. I, X, § 2) [1].

Quant à l'alliance, elle a été de tout temps, en ligne directe à l'infini, un obstacle au mariage (14, § 4. Dig. 23, 2. Gaïüs, C. I, § 63. Inst. I, X, §§ 6 et 7). En ligne collatérale, le Droit Romain primitif n'y avait vu aucun empêchement au mariage. Constantin, le premier, défendit les mariages entre beau-frère et belle-sœur, et cette défense fut renouvelée par ses successeurs (5, Cod. 5, 5) [2].

Ici se présente une question difficile à résoudre. L'alliance est le lien qui existe entre l'un des conjoints et les parents de l'autre; il n'y a donc pas alliance entre un fils adoptif et la femme de l'adoptant, quand l'adopté n'est plus en puissance; cependant le mariage était

---

[1] Comparez, art. 162, 163, 161, 318, Cod. Nap.
[2] Comparez, art. 161, 162, 161, Cod. Nap.

défendu entre eux, même après la rupture du lien (14, Pr. Dig. 23, 2) [1]. La raison en est très facile à comprendre et tout le monde l'approuve. Le même motif devrait, ce semble, faire proscrire à tout jamais le mariage entre le fils adoptif et la mère de l'adoptant qui ne sont, il est vrai, ni parents, ni alliés, mais qu'il répugne de voir unis par le mariage; et cependant, tandis que la loi 23, Dig. 1, 7, proclame ces unions défendues sans distinction, c'est-à-dire toujours, la loi 55, § 1. Dig. 23, 2, les déclare permises quand l'adoption est rompue. Cujas concilie ces deux lois en supposant que le mot *mater*, qui se trouve dans la seconde des deux, doit en être retranché. (Cujas, Obs., Liv. XXII, C. 36). Ne pourrait-on pas, en acceptant les textes tels qu'ils sont, y voir la trace d'une controverse qui aurait divisé les deux écoles et dont les deux solutions nous seraient reproduites par les deux textes ci-dessus? Remarquons que la loi 55, § 1 est de Gaïus; sa solution, peut être un peut trop rigoureusement mathématique, ne doit pas nous étonner de la part d'un Sabinien.

Un point qui paraît aussi avoir été controversé est indiqué par Cujas (Obs, L. XXV, C. 3). Il suppose que deux personnes mariées valablement viennent à se trouver dans un de ces cas qui, *ab initio*, aurait rendu le mariage impossible ; c'est, par exemple, un fils de famille qui voit adopter sa femme par son père ; que faut-il statuer? faut-il annuler ce mariage? faut-il dire que le mariage empêchera l'adoption de la bru? Les textes du

---

[1] Cette prohibition est reproduite par notre art. 318, Cod. Nap.

Droit Romain nous présentent les deux solutions (67, § 3 et 17, § 1. Dig. 23, 2).

4° Certaines autres prohibitions tenant à des causes diverses. C'est ainsi qu'à l'origine le mariage était défendu entre les patriciens et les plébéiens. La loi Canuleia (309 de Rome), fit disparaître cette prohibition. Avant la loi Papia Poppea (762 de Rome), un ingénu ne pouvait pas épouser une affranchie (23, Dig. 23, 2). Depuis, la défense ne subsista plus que pour les sénateurs et leurs descendants qui ne purent jamais s'unir avec les affranchies. (*Ibid.* et 44, Dig. eod. loc. Ulp., frag. XIII, § 1). Il en était de même des filles de sénateurs (16, Pr. Dig. 23, 2). Un tuteur ne pouvait pas épouser sa pupille, ni l'unir avec son fils avant qu'elle eût complété sa vingt-cinquième année (66. Dig. *ibid.*) Le mariage était encore défendu entre un fonctionnaire public ou son fils et une femme de la province dans laquelle il exerçait ses fonctions (57. Dig. *ibid.*) Si, après la cessation des fonctions, les époux persistaient dans la même volonté, leur mariage devenait légitime et donnait naissance à des enfants légitimes aussi ; telle avait été l'opinion de Paul que l'empereur Gordien transforma en une disposition législative (65. Dig. *ibid.* 6, Cod. 5, 4).

§ II.

De la puberté.

Il faut que les deux époux soient pubères, c'est-à-dire

aptes à remplir le but principal du mariage, la procréation des enfants.

Il paraît que depuis les temps les plus réculés on avait admis, à Rome, un âge préfix dont la seule échéance faisait considérer les femmes comme pubères, *viri potentes*, c'était l'âge de 12 ans. Il n'en avait pas été de même pour les hommes ; tandis que les proculéiens voulaient leur appliquer la même règle qu'aux femmes, en prenant toutefois pour limite l'âge de 14 ans, les sabiniens tenaient pour que la puberté fût déterminée par un examen physique, *ex habitu corporis* ; selon eux est pubère celui qui *generare potest*. (Gaïus, C. I, § 196). Justinien consacra d'une manière définitive l'opinion des proculéiens (Inst. I, XXII, Pr.) [1].

Le mariage contracté par un impubère devenait légitime par l'arrivée de l'époux à la puberté (4, Dig. 23, 2) [2].

§ III.

Du consentement des parties.

Le mariage ne peut exister sans le consentement des époux (2, Dig. 23, 2), donc celui qui ne peut consentir, le fou par exemple, ne peut se marier (16, § 2, Dig. *ibid.*) Ici se présenteront aussi comme obstacles au mariage tous les vices du consentement [3].

Une questions très controversée sur cette matière est

---

[1] Comp., art. 144, Cod. Nap.
[2] Comp., art. 185, Cod. Nap.
[3] Comp., art. 146, Cod. Nap.

celle de savoir si le mariage est parfait par le seul consentement des parties, ou s'il a besoin pour exister qu'il
y ait eu *traditio* de la femme au mari. Le principe que
le seul consentement suffit paraîtrait résulter d'une manière formelle de quelques textes. Voir notamment loi
15. Dig. 35, 1, *nuptias consensus facit*; loi 11, Dig. 23, 1
nuptiæ consensu contrahentium fiunt; 66, Dig. 24, 1, *matrimonium contractum quod consensu intelligitur*, etc. Mais
il nous semble que si au lieu d'extraire de ces lois quelques mots d'où l'on fait sortir un principe au bénéfice
d'un système arrêté d'avance, si au lieu de cela, on prend
les espèces qu'ils prévoient dans leur ensemble, on les
trouvera moins décisifs. C'est ainsi que la loi 15 parle
du consentement par opposition au *concubitus*, pour
nous dire que le mariage est parfait quoique la femme
ne soit pas encore venue *in cubiculum mariti*, mais sans
vouloir par là exclure l'idée qu'une formalité autre que
le *concubitus* serait nécessaire à la formation du mariage; et bien, au contraire, ce texte semblerait faire de la
deductio in domum la cause efficiente du mariage. C'est
ainsi encore que la loi 11 nous paraît parler du consentement moins comme d'une chose suffisante que comme
d'une chose indispensable à la validité du mariage,
consentire oportet. C'est ainsi encore que la loi 66 parle
du consentement par opposition à la *deductio in domum*.

Que conclure de là? que le mariage ne peut se former
sans le consentement des parties; que le *concubitus* et
la *deductio* ne sont pas nécessaires, c'est juste; mais
aller jusqu'à dire que le consentement suffit, cela nous
paraît un peu forcé.

Si maintenant nous rapprochons cela de la loi 5, Dig. 23, 2, qui nous apprend que le mariage ne peut pas avoir lieu entre deux personnes qui ne sont pas en présence, ne sommes-nous pas autorisé à décider que le mariage n'est pas un contrat purement consensuel? La conclusion nous semble rationnelle.

Mais alors que faudra-t-il pour parfaire le mariage? Les lois 5 et 6 au Dig. 23, 2, nous semblent propres à donner la solution de la question. Un homme est absent, peut-il devenir l'époux d'une femme qui est à Rome? Non en principe, oui si la femme *in domum ejus deducitur.* Que signifie la *deductio?* puisque ce n'est pas comme formalité substantielle et pour elle-même (comme l'indique la loi 66, Dig. 24, 1), qu'elle est exigée, elle l'est au moins pour sa signification, pour l'expression de l'intention qu'elle révèle. Cette intention nous parait manifeste; c'est la livraison, la tradition de la femme au mari. Elle se fait ici d'une manière fictive; si le mari était présent elle se ferait d'une manière réelle.

Nous concluons donc que le mariage n'est point parfait par le seul consentement; qu'il faut qu'il y ait tradition de la femme au mari.

Mais cela suffisait; le mariage était à Rome une chose toute de droit privé et nous ne pensons pas que jamais l'autorité publique y soit intervenue. Il est vrai que Cujas (Obs., L. 6, C. 20), indique le contraire et semble porté à croire que, à l'origine au moins, le peuple intervenait dans la célébration des mariages. Malgré l'autorité de ce grand nom l'opinion contraire est généralement admise par les commentateurs.

Du reste, aucun écrit n'était exigé à l'origine pour la perfection du mariage. Cependant quand des personnes de condition inégale se mariaient, on avait l'habitude de rédiger un écrit *instrumentum dotale*, pour que les tiers ne crussent pas à un simple concubinat. Théodose fit de cet usage une disposition légale et nécessaire. Justinien commença par abroger cette loi et proclama qu'aucun écrit ne serait jamais exigé (23, § 7, Cod. 5, 4); mais dans sa Novelle 74, C. 4, il exigea la confection d'un écrit pour le mariage des personnes *illustres*. Pour les autres personnes il laisssa subsister les anciens principes [1],

§ IV.

Du consentement des personnes sous l'autorité desquelles se trouvent les époux.

Deux idées bien distinctes semblent avoir fait exiger ce consentement :

La première c'est qu'un enfant ne doit pas pouvoir faire tomber des personnes sous la puissance paternelle de son auteur sans le consentement de celui-ci, *ne ei invito sui heredes adgnascantur.* D'où une conséquence

---

[1] On voit combien ceci est éloigné de notre législation moderne où le mariage a pour conditions essentielles la publicité et la solennité des formes.

importante, c'est que l'homme qui est avec son père sous la puissance de son aïeul, doit obtenir le consentement et de son père et de son aïeul. De là encore ce principe que le fils adoptif doit avoir le consentement de l'adoptant ; que l'enfant sorti de la puissance parternelle n'a pas besoin du consentement de son père. C'est encore pour cela que le consentement de la mère n'est jamais exigé.

Mais cette idée était inapplicable à la fille ; celle-ci, en effet, ne pouvait pas faire tomber ses enfants sous la puissance de son auteur ; cependant elle ne pouvait se marier sans le consentement de son père, s'il était chef de la famille ; sans celui de son aïeul, s'il vivait encore, etc. ; il faut donc admettre qu'une idée toute révérentielle aurait fait exiger cela pour la fille. C'est ce qui explique pourquoi elle n'avait jamais besoin du consentement des personnes intermédiaires entre elle et le chef supérieur de la famille.

C'est à cette différence, dans les idées déterminantes de la condition que nous étudions à présent, qu'il faut attribuer les faits qui nous sont révélés par la loi 25, Cod. 5, 4. On avait admis, de tout temps, que quand le père était fou la fille pouvait se marier sans son consentement. Pour le fils, on avait discuté la chose. Il paraît qu'une constitution de Marc Aurèle avait permis le mariage au fils de celui qui était atteint d'une folie permanente (*mente capti*) ; mais cette constitution avait laissé subsister quelques doutes. Justinien trancha les difficultés en décidant que le fils et la fille de celui qui était fou, même d'une folie accidentelle (*furiosi*), pourraient également se marier, mais en remplissant certaines conditions que l'on peut voir dans le texte précité [1].

Lorsque le père était captif chez l'ennemi ou absent, sans nouvelles depuis au moins trois ans, on avait admis que ses enfants pouvaient se marier. Si le mariage était contracté avant ce délai, il était valable si le conjoint était d'une condition telle que l'on pût penser que le père ne s'y fût pas opposé.

Sous les empereurs on vit se modifier les idées que nous avons émises plus haut ; on vit poindre, à une certaine époque, ces principes de protection pour l'enfant que notre législation a consacrés exclusivement. C'est alors que la fille émancipée commença à être obligée, tant qu'elle n'avait pas 25 ans, de demander le consentement de son père ; à défaut, celui de sa mère, puis de ses proches (1, 18, 20, Cod. 5, 4).

Le consentement du père devait précéder le mariage. Une ratification était impuissante à le légitimer rétroactivement. Mais ce consentement pouvait être tacite (25, Cod. 5, 4. Cujas. Obs. L. 3, C. 5).

Enfin, un dernier trait qui mérite d'être signalé parce qu'il est en opposition formelle avec l'art. 204 du Cod. Nap., c'est qu'un père pouvait être contraint à marier et doter ses enfants (19, Dig. 23, 2).

OBSERVATION GÉNÉRALE.

Les principes que nous venons de noter sont essentiels

Comparez, art. 511, Cod. Nap.

à notre matière, car, ainsi que nous l'apprend Justinien
(I. X, § 20), d'accord en cela avec Gaïus (C. 1, § 64),
si adversus ea.... aliqui coierint.... ii qui ex eo coitu nas-
cuntur in potestate patris non sunt. Le mariage nul ne
valait même pas comme fiançailles. (Cujas, Obs. L. XI,
C. 15).

Le Droit Romain avait admis, à côté du mariage civil,
un espèce de mariage du droit des gens que l'on appelait
concubinatus. Il ne se distinguait du mariage que par
l'intention des parties, ce qui fait qu'il était souvent
difficile de discerner l'un de l'autre. Le *concubinatus* of-
frait encore un certain caractère de continuité dans les
relations de l'homme et de la femme; c'est pourquoi,
s'il ne produisait aucun effet civil, dans l'ordre du droit
prétorien, il avait les mêmes effets que le mariage. Les
enfants issus du *concubinat* avaient un père certain, aussi
pouvaient-ils être légitimés comme nous le verrons plus
bas.

CHAPITRE II.

DE LA LÉGITIMATION.

Si nous voulions suivre l'ordre historique des institutions du Droit Romain, nous devrions placer ici la
source qui fera l'objet de notre troisième chapitre. Mais,

à l'exemple des Institutes de Gaïus et de celles de Justinien, nous nous croyons autorisé à laisser de côté le
point de vue historique pour suivre l'ordre logique, naturel des idées. Nous avons dit que les enfants nés en
mariage sont soumis à la puissance de leur père, que
ceux nés hors mariage n'y sont point soumis; l'enchaîne-
ment naturel des idées nous oblige à nous demander
immédiatement, si ces derniers ne peuvent pas, par un
événement postérieur, être ramenés sous cette puissance.
C'est cet événement que nous désignons par le mot de
légitimation; il présente, comme on le voit, un sens
bien éloigné de celui que nous lui prêtons dans nos idées
modernes. Et si l'acte diffère dans son idée première de
l'institution correspondante chez nous, ses formes, ses
conditions de réalisation présenteront aussi avec celles de
notre légitimation une différence non me'ns tranchée.
Ainsi, chez nous, un seul événement permet au fruit
d'une union illégitime de couvrir du voile de l'oubli le
vice de son origine, c'est le mariage subséquent de ses
père et mère; quand le scandale public est vengé par la
purification de l'union des père et mère, alors, mais
alors seulement, la loi permet à l'enfant de relever la
tête en se parant du titre de la légitimité, afin que le
plus innocent ne soit pas le seul puni. A Rome il n'en
est pas de même; bien des faits auront, comme nous
allons le voir, le pouvoir de conférer à l'enfant naturel
le bénéfice de la légitimité.

Nous diviserons l'histoire de ce que nous avons à dire
sur cette matière en trois périodes qui nous présentent
chacune un caractère bien tranché.

3.

§ Ier.

Ire PÉRIODE. — *Depuis la fondation de Rome jusqu'à la fin de la République.*

Dans cette période, on peut dire hardiment qu'il n'existe aucun moyen de légitimation. Si nous exceptons, en effet, le cas où on conférait à un pérégrin et à ses enfants la qualité de citoyens, ce qui avait pour effet de faire tomber ceux-ci sous la puissance de leur père, il n'est pas à notre connaissance qu'aucun monument législatif ait offert à un père le moyen d'acquérir une puissance qu'un mariage ne lui avait pas donnée ; et le cas tout spécial dont nous avons parlé ne mérite pas le nom de légitimation.

§ II.

IIe PÉRIODE. — *Depuis la chute de la République jusques à Constantin.*

Dans cette deuxième période, nous ne trouvons pas encore, à proprement parler, de mode de légitimation. Les quelques moyens que nous allons indiquer, de faire tomber au pouvoir des pères des enfants qui n'y sont pas, se présentent dans un cercle d'idées assez étroit ; ils se rattachent au droit de cité et à la législation sur les affranchis. Ces moyens sont désignés sous les noms de *causæ probatio* et *erroris probatio.*

1° De la *causæ probatio.*

Cette institution remonte au temps d'Auguste ; elle fut fondée par les lois *Ælia Sentia* et *Junia Norbana* ; voici le cas auquel elle s'appliquait : Un affranchi latin s'unit avec une femme citoyenne ou non, peu importe, dans le but d'en avoir des enfants ; lorsqu'il a un fils ou une fille âgé d'un an (*anniculus*), il se présente devant le magistrat, et, s'il peut prouver, par sept témoins citoyens et pubères, que le but de son mariage a été la procréation des enfants (*causam probare*), il acquiert la qualité de citoyen pour lui-même, et pour sa femme et son enfant, s'ils ne l'ont déjà ; alors ce dernier tombe sous sa puissance paternelle. (Gaïus, C. I, §§ 17, 29, 30, 66, 73. Ulpien, frag. III, § 3.)

Ce moyen d'acquérir la puissance paternelle, créé d'abord uniquement au profit de l'affranchi qui n'avait pas pu devenir citoyen parce qu'au moment de l'affranchissement il n'avait pas trente ans, fut étendu ensuite par un sénatus-consulte (*quod Pegaso et Pusione consulibus factum est*) à ceux qui étaient affranchis après l'âge de trente ans. (Gaïus, C. I, § 31).

Si le père mourait avant que son enfant fut anniculus, la mère pouvait, quand l'enfant avait cet âge, *causam probare* et alors elle et son enfant devenaient citoyens, s'ils ne l'étaient déjà, et l'enfant était censé avoir été sous la puissance de son père. (Gaïus, C. I, § 32 et C. III, § 5).

2° De la *erroris probatio.*

Ce second moyen qui, historiquement, se place après

la *causæ probatio*. (Gaiüs, C. I, § 68), se présentait dans l'espèce suivante : Un citoyen s'unit à une latine ou à une pérégrine, que par erreur il croyait citoyenne; s'il en a un enfant, cet enfant ne tombe point sous sa puissance puisqu'il n'y a pas mariage; un senatus-consulte lui permettait, s'il fournissait la preuve de son erreur, de conférer les droits de cité à sa femme et à son enfant, et de ramener celui-ci sous sa puissance. Il en était de même dans le cas où un citoyen épousait une déditice, mais avec cette différence que celle-ci ne devenait point citoyenne. (Gaiüs, C. I, §§ 67, 15, 26). La même théorie avait été admise dans le cas où l'erreur avait existé de la part d'une citoyenne. (Gaiüs, C. I, § 68). Enfin, le même sénatus-consulte prévoyait une foule d'autres hypothèses que Gaiüs rapporte en détail et que nous ne retracerons pas ici, parce qu'elles tiennent toutes au même ordre d'idées et qu'il nous suffit d'avoir indiqué le principe.

Une dernière remarque sur la *erroris probatio* c'est que elle pouvait avoir lieu quel que fût l'âge de l'enfant. (Gaiüs, C. I, § 73).

Voilà les seuls moyens connus durant cette période pour ramener, sous la puissance paternelle, des enfants qui n'y étaient pas ; ce sont les seuls dont parlent Gaiüs et Ulpien. Comme nous le disions en commençant, ils ne présentent pas un caractère assez général pour être appelés moyens de légitimation; ce n'est que dans la période suivante que nous allons trouver de vrais moyens de légitimation et alors les modes dont nous venons de parler s'oublient peu à peu et disparaissent enfin tout à fait avec la législation à laquelle ils devaient leur existence.

§ III.

IIIe PÉRIODE. — *Depuis Constantin jusqu'à Justinien.*

Nous avons à signaler ici plusieurs modes de légitimation ; nous allons en traiter séparément :

1° De la légitimation par mariage subséquent.

En l'an 335 parut une constitution de Constantin qui posa le premier germe de cette légitimation. Cet empereur permit à tous ceux qui avaient des enfants illégitimes existant à ce moment, de leur conférer le bénéfice de la légitimité en épousant la mère de ces enfants. Ce moyen n'était praticable, du reste, que par ceux qui n'avaient pas d'enfants légitimes, et pour les enfants nés de femmes ingénues. C'était un remède pour le passé ; mais l'empereur ne voulut pas encourager les unions illicites en leur faisant entrevoir un pareil remède pour l'avenir.

En l'an 476, l'empereur Zénon prit une décision tout à fait semblable, c'est-à-dire qu'elle n'eut qu'un caractère transitoire (5, Code, 5, 27).

Ce n'est que sous Justinien et par une constitution de cet empereur, rendue en l'an 529, que le mariage subséquent devint un mode général de légitimation applicable tant aux enfants nés qu'à ceux à naître (10, Code 5, 27).

Pour que la légitimation fût le résultat du mariage subséquent, il fallait plusieurs conditions : 1° que le mariage eût été possible entre les père et mère de l'enfant au moment de sa conception. Il est vrai que tout le monde n'entend pas les textes dans ce sens ; mais supposer qu'ils parlent d'un mariage actuellement possible, c'est leur faire énoncer un principe par trop naïf ; du reste, le sens que nous adoptons est confirmé par un passage de la paraphrase de Théophile.

C'est par exception à ce principe que dans sa Novelle 78, C. 4, Justinien permet de légitimer l'enfant que l'on a eu d'une esclave. (Voir aussi Nov. 18, C. 11).

2° Que les parties dressassent un acte matrimonial, *instrumentum datale* (10, 11, Code 5, 27), afin de marquer nettement l'intention de transformer le concubinat en mariage.

3° Que les enfants consentissent à devenir légitimes. S'il y en avait plusieurs, ceux qui ne voulaient pas accepter, restaient *sui juris*, d'après le principe : *inviti filii naturales non rediguntur in patriam potestatem* (11, Dig. 1, 6, voir aussi Nov. 89, C. 11).

Un point sur lequel il y a doute parmi les commentateurs, c'est celui de savoir comment on doit ponctuer, et par conséquent interpréter la fin du § 13, Inst. I, X. Nous nous rangeons à la leçon et à l'opinion de Cujas, qui l'interprète ainsi : les enfants bâtards sont légitimés par le mariage subséquent de leurs père et mère, alors même que ceux-ci ont des enfants après le mariage. Ce sens nous paraît confirmé par la loi 11, Cod. 3, 27.

§ II.

De la légitimation per oblationem curiæ.

On appelait *curie* le sénat des villes municipales ; les membres de la *curie* prenaient le nom de *décurions.* Dans l'origine, ce titre ne faisait que conférer des honneurs et priviléges nombreux. Plus tard, il devint si onéreux, que, malgré tous ses avantages, on n'en voulait plus. En l'an 443, les empereurs Théodose et Valentinien décidèrent que le père qui n'avait que des enfants naturels pourrait, en offrant l'un d'eux à la *curie,* le rendre capable de recevoir la totalité de sa fortune, ce que ne pouvait pas recevoir un bâtard (3, Cod. 5, 27). C'était un moyen de repeupler les curies. Peu à peu cette institution se développa; l'enfant *oblatus curiæ* devint capable de succéder *ab intestat* à son père ; il tomba même sous sa puissance. Ce fut alors un vrai mode de légitimation. Cependant, il paraît qu'il n'avait qu'un effet restreint ; l'enfant légitimé ainsi vis-à-vis du père, ne l'était point vis-à-vis de la famille (9 Pr. Cod., 5, 27). On pouvait légitimer une fille en la mariant à un décurion.

Justinien permit l'oblation à la curie même au père qui avait des enfants légitimes , ce qui n'existait pas avant lui (9, § 3, Cod. 5, 27).

§ III.

De la légitimation par l'adoption.

Ce mode, le troisième dans l'ordre chronologique

n'a eu qu'une durée essentiellement éphémère; créé par une constitution d'Anastase, en l'an 508 (6, Cod. 5, 27), il fut aboli par Justin, et Justinien confirma cette abolition (7, *Ibid.*)

§ IV.

De la légitimation par rescrit impérial.

Ce moyen a été introduit par Justinien, dans sa Novelle 74, C. 2. Il permit au père, qui ne pouvait légitimer autrement son enfant, de s'adresser à l'empereur et d'en obtenir un rescrit de légitimation. (Nov. 89, C. 9).

Les enfants naturels pouvaient eux-mêmes s'adresser à l'empereur et en obtenir le rescrit de légitimation, si leur père avait manifesté dans son testament l'intention de les légitimer. (Nov. 89, C. 10). Quelques auteurs font de ce cas un mode de légitimation tout particulier, qu'ils appellent légitimation par testament, mais cela ne nous parait pas exact.

Il faut observer, au surplus, que dans ce dernier cas il ne peut pas s'agir de faire tomber les enfants sous la puissance de leur père, puisque celui-ci est mort; la légitimation a pour but de leur conférer le droit de succession *ab intestat.*

Une remarque qui s'applique à toute la théorie de la légitimation, c'est que l'on ne pouvait légitimer que les enfants nés de *concubines.* Nous avons expliqué ce mot plus haut. La continuité des relations qui avaient existé entre le père et la mère de l'enfant, par le concubinage, donnait une certaine certitude au fait de paternité; c'est pour cela que l'on avait permis de conférer à ces enfants le bénéfice de la légitimation.

CHAPITRE III.

DE L'ADOPTION.

Après avoir vu comment un père peut acquérir la puissance paternelle sur ses propres enfants, soit dès leur naissance, soit *ex post facto*, nous allons terminer l'étude des sources de la puissance paternelle, en nous demandant comment un *pater familias* peut acquérir la puissance paternelle sur des enfants qui ne sont point nés de ses œuvres. C'est la théorie connue sous le nom d'adoption; l'adoption est l'acte par lequel une personne fait tomber des étrangers sous sa puissance paternelle. (Gaïus, C. I, § 97, 1. Dig. 1, 7. Justinien, I, XI, Pr.)

L'adoption est une expression générale qui se subdivise en deux espèces bien différentes, que l'on désigne par des expressions distinctes. Ainsi, on peut faire tomber sous sa puissance un fils de famille ou un père de famille; dans le premier cas, l'acte prend le nom spécial d'adoption (*stricto sensu*); dans le second cas, il reçoit celui d'adrogation (1, § 1, Dig. 1, 7).

Nous allons, en examinant successivement les formes, les effets et les conditions de ces deux actes, présenter les différences qui les signalent.

§ 1er.

Des formes de l'adrogation et de l'adoption.

L'adrogation est un acte qui intéresse au plus haut degré l'ordre public. Nous verrons, en effet, que par elle une famille tout entière disparaît et va s'absorber dans une autre. Un acte aussi important ne peut s'accomplir dans la sphère des relations privées. Il faut que l'autorité souveraine y intervienne. A l'origine, ce sera dans une assemblée du peuple qu'elle s'accomplira, et là après s'être assuré du consentement de l'adrogé et de l'adrogeant, on demandera au peuple sa consécration solennelle, *an id fieri jubeat populus rogatur*. De là le nom d'*adrogatio*. Longtemps après la chute de la république, on appellera encore à la formation de l'adrogation l'*auctoritas populi* (Gaïus, C. I, § 99); ce ne sera plus, il est vrai, que l'image d'une assemblée du peuple, puisque trente licteurs en feront l'office ; mais l'idée est toujours là. Enfin, plus tard, quand le pouvoir impérial aura franchement absorbé toute autre puissance, c'est l'empereur qui, par un rescrit, fera entrer l'adrogé dans la famille de l'adrogeant (6 Code 8, 48. Inst. I, XI, § 1).

Il est facile de comprendre, d'après cela, pourquoi, à l'origine, l'adrogation ne pouvait se faire qu'à Rome. (Gaïus, C. I, § 100).

L'adoption, *stricto sensu*, n'intéresse pas à un aussi haut degré l'ordre public. Aussi, pour elle, n'a-t-on jamais exigé le concours de l'autorité souveraine ; il a tou-

jours suffi de recourir à l'autorité du magistrat. Voici,
du reste, comment on procédait.

Pour que l'adoption fût accomplie, il fallait d'abord
briser la puissance paternelle du père naturel et ensuite
créer celle du père adoptif. Pour détruire la puissance
du père naturel, il fallait, comme nous le verrons dans
notre troisième partie, recourir aux ventes solennelles,
ce qui plaçait l'enfant dans le *mancipium* de l'acheteur,
mot que nous expliquerons aussi plus bas. En cet état,
l'acheteur se présentait devant le magistrat avec l'enfant
et le futur père adoptif; celui-ci revendiquait l'enfant
comme étant sous sa puissance; l'acheteur et l'enfant
ne contredisaient pas ; alors le magistrat adjugeait l'enfant à celui qui le réclamait, et ce dernier acquérait ainsi
la puissance paternelle. (Gaïus, C. I, § 134). Cette espèce de procès simulé était connu sous le nom de *cessio
in jure*; Gaïus nous en rapporte les détails dans son
C. II, § 24.

A toutes ces formalités si longues et si compliquées
de l'adoption, Justinien substitua des formes beaucoup
plus simples et plus rapides. Par une constitution de l'an
530, il déclara que désormais, sans recourir aux ventes
solennelles, ni à la *cessio in jure*, il suffirait que le père
adoptif se présentât devant le magistrat et y déclarât sa
volonté de prendre l'enfant en adoption; il n'était pas
nécessaire que le père naturel et l'enfant adopté don-
nassent un consentement formel; il fallait cependant
qu'ils vinssent devant le magistrat avec le père adoptif,
mais il suffisait qu'ils ne contredissent pas pour que l'a-
doption fût valable (11, C. 8, 18).

Voilà les seules formes d'adoption que la législation romaine ait organisées ; il n'en a jamais existé d'autres. Pour mettre cette assertion à l'abri de tout reproche, il nous faut ici dire quelques mots d'une objection que les souvenirs classiques seuls ne manqueraient pas de nous faire adresser. Tout le monde sait que César adopta Octave dans son testament (Vell. Pat., lib. 2), et presque tous les historiens romains parlent de l'adoption testamentaire. On pourrait donc être tenté de croire qu'il y a une lacune dans ce que nous avons dit ci-dessus, mais il n'en est rien. Il est vrai que bien souvent un citoyen léguait ses biens à un autre en lui imposant pour condition de porter son nom, mais ce n'était pas là un vrai mode d'adoption, et, sans nous préoccuper du compte que tenait le préteur de la volonté du défunt quand l'héritier venait revendiquer les biens qui lui avaient été laissés (63, § 10. Dig. 36, 1), nous trouvons la preuve de ce que nous avançons dans les historiens eux-mêmes, puisqu'ils nous disent que Octave fit confirmer le testament de César par une loi ; donc l'adoption par testament n'était point suffisante, et les historiens sont d'accord en cela avec les jurisconsultes, puisque Marcellus nous apprend que l'adoption irrégulièrement faite, peut être validée par l'empereur (38, Dig. 1, 7.Cujas, Obs., liv. VII, C. VII).

§ II.

Des effets de l'adrogation et de l'adoption.

L'adrogation avait pour effet de faire passer l'adrogé

dans la famille de l'adrogeant, avec tout ce qui tenait à lui : ses enfants (Gaïus, C. I, § 107), ses biens (15, Pr. Dig. 1, 7), à l'exception de ceux qui périssaient par son changement d'état, comme un droit d'usufruit (1, Dig. 7, 4), un droit aux services d'un affranchi, etc.

Sous Justinien, les effets de l'adrogation se sont bien modifiés. L'adrogé tombe bien encore sous la puissance paternelle de l'adrogeant, mais ses biens lui restent propres ; l'adrogeant n'en acquiert plus que l'usufruit. (Inst. III, X, § 2). C'était une conséquence forcée de la position qui, alors, avait été faite aux fils de famille et que nous étudierons plus bas en parlant des pécules.

L'adoption présente, dans ses effets, des modifications aussi radicales que celles que nous venons de signaler pour l'adrogation. A l'origine, les effets de l'adoption étaient absolus ; l'enfant adopté perdait tout lien d'agnation avec sa famille naturelle, et entrait avec tous les droits d'un agnat dans sa nouvelle famille; il n'y avait aucune différence entre lui et ceux que la nature y avait placés (23, Dig. 1, 7).

Cet état de choses avait donné lieu à des inconvénients que la pratique signala surtout en matière de successions *ab intestat*. L'enfant adopté, perdant tout lien de parenté civile avec son père naturel, cessait par là même d'avoir droit à la succession *ab intestat* de celui-ci. Si après cela il venait à être émancipé par son père adoptif, il n'avait plus rien à prétendre dans la succession de celui-ci ; il se trouvait donc, d'après la rigueur des principes, n'avoir plus d'espoir de succéder à quelqu'un.

Les préteurs cherchèrent bien ici comme dans toutes

les branches du droit, à éluder la rigueur des principes
à l'aide de moyens détournés, mais leurs remèdes étaient
insuffisants. Aussi, Justinien se crut-il obligé, pour faire
disparaître tout inconvénient, de modifier profondément
les effets de l'adoption; il décida que le fils donné en
adoption resterait sous la puissance et dans la famille de
son père naturel avec tous ses droits; qu'il acquerrait
des droits à la succession *ab intestat* de son père adoptif,
mais qu'il n'entrerait plus dans sa famille. Toutefois cela
n'avait lieu que dans le cas où un enfant était adopté
par un étranger; s'il était donné en adoption à un de ses
ascendants paternels ou maternels, les anciens principes
reprenaient leur empire (Justinien, I, XI, § 2), parce
que, dans ce dernier cas, par des principes qui tiennent
aux successions *ab intestat*, et qu'il serait trop long de
rappeler ici, le danger que nous avons signalé ne se présentait plus.

§ III.

Des conditions de l'adrogation et de l'adoption.

Du côté de l'adrogeant il fallait plusieurs conditions :
Tant que l'homme n'a pas atteint un certain âge, il
peut et doit espérer d'avoir une postérité naturelle.
Pour ne pas détourner les citoyens de cette idée et nuire
à la procréation des enfants, on ne permettait l'adrogation qu'à l'homme âgé de 60 ans¹ ; Avant cet âge on

---

¹ Aujourd'hui il suffit que l'adoptant ait 50 ans, art. 343, C. Nap.

pouvait en obtenir la faculté pour certaines causes : une
maladie, une parenté rapprochée, etc. (15, § 2, Dig.
1, 7). L'adrogation doit imiter autant que possible la
nature ; c'est pourquoi les castrats ne pouvaient pas
adroger. (Inst. I, XI, § 9). Cependant on n'appliquait
pas cette idée dans toute sa rigueur ; ainsi, celui qui
n'était pas marié pouvait très bien adroger un fils (30,
Dig. 1, 7) ; ainsi, on n'avait pas admis tout d'abord
la nécessité pour l'adrogeant d'être plus âgé que l'a-
drogé. Ce point était encore indécis au temps de Gaiüs.
(Voir C. I, § 106). Sous Justinien, il est établi que pour
adroger quelqu'un comme fils, il faut être plus âgé que
lui de 18 ans [1]. L'intervalle devra être du double si on
adroge comme petit-fils, etc. (Inst. I, XI, § 4) ; on
pouvait, en effet, adroger quelqu'un comme petit-fils,
soit en le regardant comme issu d'un fils prédécédé, soit
en l'attribuant à un fils que l'on avait encore sous sa
puissance. Dans ce dernier cas, il fallait le consentement
de ce fils (Inst. I, XI, 5, 6, 7, 11. Dig. 1, 7). Enfin,
d'autres considérations de natures diverses avaient fait
proscrire certaines adrogations : celui qui avait adrogé un
premier individu, ne pouvait en adroger un second (15, §
3, Dig. 1, 7). Les femmes étant incapables d'exercer la
puissance paternelle, ne pouvaient adroger. (Ulpien, fr.
VIII, § 9. Gaiüs, C. I, § 104). Depuis Dioclétien, on le leur
permit quelquefois in *solatium amissorum liberorum*, mais
ce n'était pas une véritable adrogation, cela ne leur don-

---

[1] 15 ans d'après le Cod. Nap., art. 313.

nait pas la puissance paternelle; l'adrogé acquérait seulement des droits à leur succession *ab intestat* (5 Code 8, 48).

Tout ce que nous venons de dire s'applique parfaitement à l'adoption excepté, peut-être, un point ; nous ne
connaissons pas de texte, en effet, qui défende à un
homme d'adopter plusieurs enfants.

Du côté du fils, les conditions ne sont pas les mêmes
pour l'adrogation et l'adoption.

Avant Justinien, les femmes ne pouvaient pas être
adrogées ; elles ont toujours pu être adoptées. (Gaïus,
C. I, § 101, 102). Les femmes n'ayant pas l'entrée des
comices, ne pouvaient pas prendre part à un acte qui se
passait dans l'assemblée du peuple.

La même raison avait fait naître l'impossibilité d'adroger un impubère. Antonin-le-pieux permit l'adrogation
des impubères, mais à certaines conditions seulement.
(Gaïus, C. I, § 102). Il fallait que l'on recherchât si la
cause était *honesta*; c'est ainsi que l'on ne permettait
pas à un tuteur d'adroger son pupille impubère et même
pubère, jusqu'à 25 ans, afin que le but de l'adrogation
ne fut pas *ne rationes reddat* (17, Pr. Dig. 1, 7). Cependant l'adrogation pouvait avoir lieu si le pupille était le
privignus du tuteur (32, § 1, *ibid.*), parce qu'alors, sans
doute, l'adrogation avait un motif honnête. (Cujas, Obs.,
Liv. II, C. XXXVIII). Celui qui voulait adroger un impubère, devait donner caution pour garantir, en cas de
mort de l'enfant avant sa puberté, la restitution de ses
biens à ses parents ; il ne pouvait l'émanciper que pour
des raisons graves reconnues telles par le magistrat. S'il
était émancipé sans raison ou exhérédé, il avait le droit

de reprendre tous ses biens et de réclamer le quart des biens de l'adrogeant. Enfin, quand l'impubère arrivait à la puberté, il pouvait exiger que l'adrogeant l'émancipât.

L'adoption, au contraire, a toujours pu s'appliquer aux impubères (Gaïus, C. I, § 102). Remarquons, en passant, qu'il ne peut pas être question de défendre l'*adoption* d'un pupille par son tuteur. Celui qui a un tuteur est nécessairement un *pater familias;* il ne peut donc pas être question pour lui de l'adoption qui est spéciale aux fils de famille.

DEUXIÈME PARTIE.

Effets de la puissance paternelle.

Dans la première partie, nous avons eu à signaler des différences bien tranchées entre la puissance paternelle, chez les Romains, et cette même puissance, chez nous. Cependant ces différences ne sont pas aussi radicales que celles que nous allons rencontrer ici. Une remarque bien simple le prouve. Les mots mariage, légitimation, adoption, que nous avons rencontrés dans cette première partie, sont encore en vigueur aujourd'hui ; ils s'appliquent à des institutions bien différentes de celles qu'ils nous rappellent à Rome, c'est vrai ; mais il y a, malgré cela, un certain parallélisme à établir entre les deux législations. C'est ainsi que chez nous, comme à Rome, la légitimation est l'acte qui place un fils, vis-à-vis de son père, dans la position de l'enfant issu du mariage ; c'est ainsi encore que l'adoption est une institution du droit civil qui a pour *but* d'imiter la nature, de donner des enfants à celui à qui la nature en a refusé. Dans la matière que nous allons aborder à présent, nous ne pouvons pas en faire autant. Il y a des points où tout est différent, tout a disparu, les institutions et les mots eux-mêmes, ainsi que nous le verrons plus bas.

Aussi, verrons-nous ici la dégradation des institutions vraiment romaines arriver beaucoup plus rapidement que dans la première partie. Nous ne parlons pas de la légitimation qui n'est pas, à proprement parler, une institution du Droit Romain, puisque l'époque vraiment classique de ce droit (celle de Gaïus et d'Ulpien), ne nous en révèle pas l'existence ; mais si nous prenons, par exemple, l'adoption dont l'origine se confond avec celle du Droit Romain, nous la voyons se conserver dans la pureté de ses formes jusqu'à Justimin lui-même. Ce n'est que cet empereur qui a osé détruire ce vieil édifice des ventes solennelles et de la *cessio in jure* pour le remplacer par des formes plus rapides et moins matérielles. Quand une institution a sa source dans la nature même des choses, le temps lui-même qui détruit tout semble ne pas pouvoir toucher aux formes quelquefois très bizarres sous lesquelles cette institution se produit. L'idée qui préside à ce vain formalisme paraît étendre sur lui le voile d'in--violabilité dont elle est elle-même recouverte ; mais quand cela n'a pas lieu ; quand un peuple, laissant de côté toute considération puisée aux sources naturelles, se fera une institution tellement personnelle que l'on pourra à peine signaler un petit peuple chez qui se présente quelque chose d'analogue (Gaïus, C. I, § 55), alors les transformations seront plus rapides à arriver,

œuvre exclusive des hommes, l'institution sera bientôt
battue en brèche par les hommes qui succéderont aux
premiers, et, enfin, sapée jusque dans ses fondements;
elle s'abîmera; elle s'évanouira tout entière dans la nuit
des temps, comme l'idée qui lui avait donné naissance,
pour ne plus laisser d'elle-même qu'un vain souvenir.
C'est ce qui va résulter de l'examen que nous allons
faire des effets de la puissance paternelle; nous y signalerons des traits dont il serait impossible de retrouver
aujourd'hui le moindre vestige.

Pour mettre de l'ordre dans notre exposition, nous
traiterons, dans deux chapitres distincts, des effets que la
puissance paternelle produit pendant la vie de l'auteur
et du fils, et de ceux qu'elle produit au moment de la
mort, soit de l'un, soit de l'autre.

CHAPITRE PREMIER.

DES EFFETS DE LA PUISSANCE PATERNELLE PENDANT LA VIE DU PÈRE ET DU FILS.

Ici une subdivision est nécessaire; la puissance paternelle produit des effets sur la personne et sur les biens;
nous en parlerons séparément.

Section Ire. — *Effets sur la personne du fils.*

Les droits du père de famille sur son fils n'ont jamais été regardés à Rome comme un véritable droit de propriété; cependant à l'origine ils ressemblaient beaucoup à ceux d'un maître sur son esclave.

Le père avait, en effet :

1° Droit de mettre à mort ses enfants, *jus vitæ ac necis* (11, Dig. 28, 2). Les auteurs s'accordent généralement pour penser qu'il ne faut pas entendre par là qu'un père ait eu jamais le pouvoir arbitraire de donner, par pur caprice, la mort à ses enfants ; c'est comme chef de famille, comme exerçant en petit le pouvoir suprême qu'il peut, dans certains cas, condamner ses fils à la peine de mort; mais il ne peut le faire seul, il lui faudra pour cela rassembler le tribunal de famille, composé des plus proches agnats, et c'est en leur présence qu'il pourra prononcer la condamnation capitale. Les historiens nous en rapportent plusieurs exemples (Den, d'Hal., 2, 4. Val., Max, 5, 8. Quintilien Decl. 3). Cependant, il est un point à noter, c'est que la loi *Pompeia de parricidiis* qui punissait de la peine des parricides la mère qui tuait son enfant, ne prononçait pas la même peine contre le père, en pareil cas (1, Dig. 48, 9. Cujas, Obs., liv. VI, C. XVII).

2° Droit de vendre ses enfants (Gaïus, C. I, § 117). Il les plaçait par là dans un état que l'on appelait le *mancipium*, état qui n'était pas tout à fait l'esclavage, mais qui s'en rapprochait beaucoup ; nous en dirons quelques mots plus bas.

3° Le droit de consentir au mariage; nous l'avons analysé plus haut.

4° Le droit de provoquer le divorce de son enfant.

Voilà les droits que le *jus quiritium* primitif avait attribués au père sur la personne de ses enfants. Nous n'avons pas parlé de ce que l'on désigne quelquefois sous le nom de droit d'exposition, ce qui consistait à abandonner ses enfants; ceci n'a jamais été un droit, car il paraît qu'une loi de Romulus l'avait défendu, et il est certain que la loi des XII Tables contenait une prohibation formelle à cet égard. Cependant, l'usage semble avoir été admis à Rome malgré ces défenses, car nous voyons Valentinien, Valens et Gratien faire une constitution pour le proscrire (2, Code 8, 52).

Quant aux autres droits que nous venons d'énumérer, ils ont dû, avec le temps, tendre à disparaître successivement.

Ainsi, nous voyons que le *jus vitæ ac necis* se transforma en un simple droit de correction, renfermé dans de justes bornes. Si le fils commet des fautes graves, le père ne peut pas se rendre justice lui-même; il doit l'accuser devant le magistrat (5, Dig. 37, 12; 5, Dig. 48, 9; 2, Dig. 48, 8; 3, Code 8, 47). Une constitution de Constantin décida que le père qui tuerait son fils serait puni de la peine des parricides [1] (Code 9, 17).

Le droit de vendre ses enfants se conserva longtemps;

---

[1] On sait que cette peine consistait a être enfermé dans un sac avec un chien, un coq, une vipère et un singe, et à être jeté, suivant les lieux, à la mer ou dans un fleuve (*lex unica*, Code 9, 17).

mais il finit par ne servir plus que d'une manière fictive pour le père qui voulait arriver à donner son fils en adoption ou à l'émanciper (nous reviendrons plus bas sur ce point). Pourtant, il subsista comme principe jusques à Dioclétien et Maximien ; ces empereurs déclarèrent qu'un père ne pouvait pas vendre ses enfants (1, Code, 4, 43). Constantin permit la vente au père qui se trouverait dans un cas de misère extrême, et encore ne pouvait-il vendre qu'un enfant pris au sortir même du sein de sa mère *(sanguinolentus)* (2, Code ibid.) Justinien a confirmé ces dispositions en les insérant dans son Code.

Depuis Marc Aurèle, le père ne peut plus provoquer le divorce de son enfant que pour des raisons graves (5, Code 5, 17).

SECTION IIme. — *Effets de la puissance paternelle quant au patrimoine des fils.*

Nous avons à examiner ici deux aspects bien différents ; l'un, que nous appellerons le côté actif, consistera à nous demander ce que deviennent les biens acquis par un fils de famille ; l'autre, que nous pourrons désigner par le nom de côté passif, nous fournira l'occasion de rechercher ce que devenaient les obligations du fils.

§ Ier.

Acquisitions faites par les fils de famille.

A l'origine, les effets de la puissance paternelle, quant

à ce, étaient absolus ; le fils ne pouvait rien avoir en propre ; tout ce qu'il acquérait devenait la propriété et la propriété absolue du père qui pouvait en disposer comme il voulait (Gaïus, C. II, §§ 86, 87, 89). Cependant il faut faire une remarque essentielle sur ce point, c'est que les fils de familles qui pouvaient acquérir à leur père, par la *mancipatio*, par une stipulation, par une institution testamentaire ou par un legs fait à leur profit [1], ne pouvaient pas acquérir par la *in jure cessio* (Gaïus, C. II, § 96). N'ayant pas de personnalité propre et ne pouvant point ici agir au nom de leur père, ils étaient incapables de figurer dans un pareil acte.

Quant à la possession, le père l'acquérait par ses fils, comme la propriété (Gaïus, C. II, § 89), c'est-à-dire que peu importait qu'il eût connaissance ou non de la prise de possession (31, § 2. Dig. 41, 2). Si la possession était le résultat d'une tradition, et que celui qui faisait la tradition eût l'intention de faire acquérir au père, la propriété était acquise par ce moyen à ce dernier (13, Dig. 39, 5). Pour l'usucapion, il n'en était pas de même ; le père ne commence à posséder *ad usucapionem*, par son fils, que quand il a connaissance de la prise de possession (47, Dig. 41, 3). Une des conditions essentielles à l'usucapion, c'est la bonne foi ; or, celle-ci ne peut exister là où il y a ignorance.

---

[1] Seulement, il faut noter que l'acquisition par institution ne pouvait se faire qu'avec la volonté du père, parce qu'il y avait là un passif à côté de l'actif ; l'acquisition par legs se faisait même contre le gré du père, parce que là il n'y avait que l'actif.

Ce principe de l'appropriation de la part du père de tout ce qui était acquis par son fils, justifie le mot que nous avons mis en tête de cette dissertation, quand nous avons dit que la personne du fils de famille était complètement absorbée par celle de son père. C'est là un des traits propres et caractéristiques de la législation romaine primitive. Nous allons voir qu'avec le temps il subit de profondes altérations; on vit tout d'abord la personne du fils se détacher de celle du père en un point tout exceptionnel; puis l'exception s'étendit, et enfin, les deux personnes se séparèrent complètement, c'est ce que nous allons démontrer en étudiant la théorie des *pécules*.

A l'origine, on appelait pécule une partie du patrimoine dont le père confiait l'administration *(separavit)* (4, Dig. 15, 1) à son fils. Nous ne rechercherons pas ici quels étaient les pouvoirs du fils sur ce pécule; ce point est en dehors de notre matière. Constatons seulement une chose, c'est qu'il n'y avait par là aucune atteinte apportée au droit du père; celui-ci pouvait reprendre le pécule quand il le voulait. De plus, quand le fils possédait quelque chose *ex peculari causa*, le père pouvait acquérir l'*usucapio* même *ignorans*, parce qu'il était censé connaître et ratifier tout ce que le fils faisait pour augmenter le pécule, ou comme dit Cujas (Obs., L. 24, C. IX), *ne per singula momenta parentes cogantur species et causas peculiorum inquirere, id est, quæ res sint in peculio, et quo jure, quove titulo teneantur.*

Ce pécule reçut plus tard le nom de pécule *profectice, quod a patre proficiscitur*, par opposition aux pécules cas-

trense, quasi castrense et *adventitium* qui, comme nous allons le voir, constituèrent des atteintes plus ou moins graves aux droits du père sur les acquisitions de son fils.

La première atteinte portée aux droits du père de famille remonte au temps d'Auguste. Cet empereur décida que tout ce qu'un fils de famille militaire gagnerait, à l'occasion de son état, lui demeurerait propre; qu'il pourrait en disposer comme il voudrait, par actes entre-vifs ou par testament (Inst. II, XII. Pr.); en un mot, qu'il serait, par rapport à ces biens, un véritable *pater familias* (2, Dig. 14, 6). On désigna cette catégorie de biens, soustraits à la puissance paternelle, sous le nom de *peculium castrense*.

Ce pécule comprenait tout ce que le fils acquérait à la guerre *per occasionem militiæ*, sa part du butin; peu importait que ce fût un meuble ou un immeuble; il comprenait aussi tout ce qui lui était donné par ses parents à l'occasion du service, *cunti in castra*, mais en choses mobilières seulement; les immeubles donnés restaient en dehors de ce pécule (4, Cod. 3, 36 et 1; Cod. 12, 37). Le pécule *castrense* se composait encore de ce qui était légué à un militaire par ses compagnons d'armes (5, Dig. 49, 17), ou par sa femme pendant qu'il était à l'armée (13, ibid.), etc.

Cette première exception fut toute une révolution dans la législation Romaine. C'est par là que commença à se dessiner un peu la personnalité propre et distincte de l'enfant. Gaïus nous en donne une preuve dans la loi (4, Dig. 5, 1), en nous disant, qu'au sujet du pécule castrans, le fils peut soutenir un procès contre son père (Conf., Cujas, Obs., l. IX, C. XIII).

Plus tard, Constantin créa un nouveau pécule que l'on désigna sous le nom de *quasi-castrense*, parce que le fils de famille avait sur lui à peu près les mêmes droits que sur le pécule castrans. Nous disons à peu près, parce qu'il paraît que l'on avait contesté au fils de famille le droit de tester sur le pécule *quasi-castrense*; ce droit lui fut accordé d'une manière formelle par Justinien (37. Cod. 3, 28).

Ce pécule se composait de tout ce qu'un fils de famille pouvait gagner, soit par la munificence de l'empereur, soit par ses propres économies, en remplissant certaines fonctions dans le palais impérial (*Lex unica*, Cod. 12, 31); il fut étendu par les empereurs Théodose et Valentinien, à ce qui était gagné par les fonctionnaires attachés au préfet du prétoire; par Léon et Anthémius, aux biens gagnés par les avocats et les évêques (4, 14, Cod. 2, 7; 34, 50; Cod. 1, 3), etc., et enfin, sous Justinien, il comprenait tous les dons faits par l'empereur ou par l'impératrice (7. Cod. 6, 61).

C'est aussi sous Constantin que parut la troisième et dernière dérogation à la puissance du père de famille sur les biens de son fils, on l'appela le pécule *adventitium* (*adventice*). D'après le vœu de Constantin, ce pécule comprenait seulement les biens que le fils recueillerait dans la succession, soit testamentaire, soit *ab intestat* de sa mère (1. Cod. 6, 60). Arcadius et Honorius y firent entrer tout ce qui proviendrait au fils de son ascendant maternel à titre de libéralité, quelle qu'en fût la forme, *quolibet largitionis titulo*, ou par droit de succession (2, ibid.) Enfin, sous Justinien, ce pécule reçut toute l'extension dont il était susceptible : ce que le fils gagne *ex re patris* est acquis à celui-ci ; mais à part cela tous les biens que le fils poura acquérir, et qui ne font point partie des pécules *castrense* ou *quasi-castrense*, tomberont dans le pécule *adventice* (Inst. II, IX, § 1).

Toutefois, le fils de famille n'avait point sur ce pécule les mêmes droits que sur les deux autres. Il n'était point, par rapport à lui, *pater familias* ; il ne pouvait pas l'aliéner. Le père avait, durant toute sa vie, l'usufruit des biens qui en faisaient partie (1. Cod. 6, 60).

Enfin, il faut noter ici une innovation de Justinien qui a son importance. Il paraît que d'après certaines constitutions impériales, le père qui émancipait son fils avait le droit de retenir, en toute propriété, le tiers des biens faisant partie des divers pécules (*quœ acquisitionem effugiunt*) ; Justinien abolit ce principe, et décida que désormais le père ne pourrait plus retenir que l'usufruit d'une portion dont il fixe la quotité à la moitié (Inst. II, IX, § 2).

C'est ici le lieu de compléter ce que nous avons dit plus haut (page 45) en parlant des effets de l'adrogation. Nous avons vu que l'adrogé passait dans la famille de l'adrogeant avec tous ses biens. L'introduction successive des pécules a dû modifier ce principe ; en effet, quand on eut admis que tel bien acquis par un fils ne tomberait pas au pouvoir du père, on a dû décider que le *pater familias* adrogé conserverait pour lui ces mêmes biens. En un mot, quand il y avait adrogation, il fallait supposer que la puissance paternelle avait toujours existé, et appliquer la théorie des pécules aux acquisitions faites par l'adrogé avant l'adrogation.

§ II.

Des obligations des fils de famille.

Nous n'allons pas nous demander ici, d'un manière générale, quelle était la capacité civile des fils de famille, en matière d'obligation. La question ainsi posée sort du cadre que nous nous sommes tracé ; mais, comme nous avons vu que activement le patrimoine du fils passe à l'origine tout entier entre les mains du père, et que nous avons suivi les modifications successives de ce principe, il nous faut voir maintenant ce que devenait la partie passive du patrimoine du fils.

Voyons d'abord les obligations résultant d'un fait licite commis par le fils. Ici le Droit Romain n'avait pas appliqué le principe que nous formulons aujourd'hui dans la doctrine, en disant : là où va l'actif, là va le passif; le père, même à l'époque où il devenait propriétaire de tout ce que son fils acquérait, n'a jamais été tenu en rien des obligations de celui-ci, et ce principe s'est conservé pur et intact dans toutes les périodes de la législation Romaine. Cela justifie ce que nous disions en commençant: le fils est, d'après le Droit Romain pur, un instrument destiné à travailler sans cesse à l'enrichissement du père ; quant à l'appauvrir (l'obliger) il ne l'a jamais pu. Celui donc qui avait une créance contre le fils ne pouvait pas, d'après les principes du droit, actionner le père.

Cependant les préteurs avaient ici corrigé la rigueur du *jus civile;* et nous allons voir que dans le domaine du droit prétorien plusieurs actions avaient été créées contre le père au profit du créancier du fils.

Ainsi, lorsque quelqu'un avait contracté sur l'ordre du père avec un fils de famille, comme en définitive le tiers avait suivi la foi du père, on donnait contre lui une action dite *quod jussu.* Cette action était *in solidum,* c'est-à-dire que le tiers pouvait demander tout ce qui était dû (Gaïus, C. IV, § 70 ; Inst. IV, VII, § 1). Le jussus du père pouvait être donné par lettre, *per nuntium,* etc.; il n'était pas nécessaire qu'il fût spécial (1, § 1 ; Dig. 15, 4) ; il pouvait être retiré valablement tant que l'affaire n'avait pas été faite (§ 2, *ibid.*) Le jussus ne devait pas nécessairement précéder l'affaire; si le père ratifiait, il était encore tenu par l'action *quod jussu* (§ 6, *ibid.*) ; du reste, si le fils a figuré non pas comme jouant son propre rôle, mais comme étant l'instrument du père, quand il va, par exemple, chercher l'argent que l'on a promis de compter à son père, ce n'est plus l'action *quod jussu* qui est donnée contre son père , mais bien l'action civile (5, Dig. *ibid.*)

Les mêmes raisons avaient fait créer les actions *exercitoria* et *institoria,* données; la première, contre celui qui avait préposé son fils à la conduite d'un navire ; la seconde, contre celui qui avait mis son fils à la tête d'une entreprise quelconque *cuilibet negotiationi;* elles ne s'appliquaient, bien entendu, qu'aux obligations contractées dans les limites de l'affaire que le père avait confiée à son fils ; mais quand cela était on poursuivait raisonnablement le père, car l'obligation était alors contractée en quelque sorte *ex voluntate patris.* Ces deux actions étaient données *in solidum* (Gaïus, C. IV, § 71; Inst. IV, VII, § 2).

La force même des choses avait fait admettre une différence remarquable entre ces deux actions : la première était donnée pour les obligations contractées même par celui que le fils s'était substitué non seulement à l'insu du père, mais encore contre son gré; les besoins et les chances imprévues de la navigation avaient exigé que l'on donnât au préposé des pouvoirs assez larges; il n'en était pas de même de l'*actio institoria* (1, § 5, Dig. 14, 1).

Une autre action donnée par le préteur contre le père était l'action *tributoire.* Voici dans quel cas elle se présentait : on suppose que le fils a engagé son pécule dans une entreprise commerciale avec l'assentiment du père, et qu'il a contracté des obligations relativement à ce commerce; le préteur avait décidé que tout ce qui avait été mis dans le commerce et tout ce qui en était provenu, serait partagé au marc le franc entre le père et les créanciers ; et comme c'était le père lui-même qui était chargé de faire la répartition, si quelqu'un des créanciers se plaignait de n'avoir pas reçu tout ce qui lui revenait, il agissait contre le père par l'action *tributoria* (Gaïus, C. IV, § 72). Pour que cette action fût donnée contre le père, il fallait qu'il y ait eu dol de sa part ; et on entendait ce mot d'une manière très large (7, §§ 2, 3, Dig.

14, 4). Il paraît qu'une idée d'égalité proportionnelle
présidait à l'exercice de cette action : celui qui l'inten-
tait devait donner caution qu'il recomblerait, si de
nouveaux créanciers venaient à surgir (5, § 19, Dig. *ibid.*)

Enfin, une dernière action, créée par le préteur, était
l'action (*una actio*, Gaïüs, C. IV, § 73. Inst. IV, VII, §
4) *de peculio et de in rem verso* (Gaïüs, C. IV, § 74 ,
eadem formula et de peculio et de in rem verso agitur).
Celui qui avait traité avec un fils de famille pouvait agir
contre le père par une action qui donnait au juge l'alternative de condamner celui-ci jusques à concurrence
de la valeur du pécule, ou jusqu'à concurrence de ce
qui avait tourné au profit du père. Mais cette action ne
conservait pas toujours ce caractère double ; quand il
s'était écoulé un an depuis la mort du fils de famille, le
créancier ne pouvait plus agir que *de in rem verso.*

Au surplus, le créancier pouvait agir contre le père
par celle des actions qu'il voulait choisir. C'était à lui à
prendre celle qui lui paraissait la plus avantageuse soit
pour le résultat, soit pour la facilité de la preuve qu'il
avait à administrer (Gaïüs, C. IV, § 74. Inst, IV, VII,
§ 5).

Il faut faire ici une remarque qui nous est inspirée
par le § 8. Inst. IV, VII, c'est que vers les derniers
temps de Rome l'action civile, appelée *condictio*, était
donnée contre une personne toutes les fois qu'elle s'était
enrichie du bien d'une autre ou qu'elle en avait reçu de
l'argent, quand même il n'y avait eu aucun rapport direct entre elles. Cela dut amener une conséquence, c'est
que dans bien des cas celui qui avait traité avec le fils

pouvait agir directement par la *condictio* contre le père, sans recourir aux actions prétoriennes. Mais celles-ci ne furent pas annihilées pour cela , elles continuèrent à être utiles dans les cas où la *condictio* était inapplicable.

Voilà ce qu'il en était des obligations résultant de faits licites ; quant à celles nées de faits illicites (délits ou quasi-délits), le Droit Romain lui-même avait admis en principe que le père pouvait en être tenu. Le Droit Prétorien n'a donc pas eu ici à créer le principe , mais seulement à l'appliquer et à l'étendre (Gaïus, C. IV, § 76).

Celui qui a été victime d'un acte illicite, commis par un fils de famille, peut donc agir contre le père ; mais comment agira-t-il ? pourra-t-il demander au père la réparation de tout le mal qu'il a souffert ? Non; le juge ne pourra prononcer une condamnation qu'à concurrence du pécule. De plus, il faut, à côté de cela, placer un autre principe admis par le Droit Romain et qui en est le complément : *erat iniquum nequitiam eorum* (des enfants) *ultra ipsorum corpora parentibus damnosam esse* (Gaïus, C. IV, § 75; Inst. IV, VIII, § 2); en conséquence, on avait admis que le père pouvait se libérer de toute exécution dirigée contre lui en abandonnant son fils au poursuivant. Cet abandon était appelé abandon noxal; et l'action que la victime du méfait dirigeait contre le père, s'appelait action noxale; c'était une action ordinaire, directe, civile contre le père ; mais il y avait cela de particulier, c'est que l'abandon noxal était *in facultate solutionis*.

Cette action noxale était un effet direct de la puissance paternelle; quand celle-ci cessait, l'action ne pouvait plus s'exercer (Gaïus, C. IV, § 77; Inst. IV, VIII, § 5).

L'abandon noxal se faisait au moyen de la mancipation, c'est-à-dire par une vente solennelle du fils consentie au profit de celui à qui l'abandon était fait. Et lorsque le fils avait satisfait ce dernier, il pouvait le contraindre à lui rendre la liberté (Gaïus, C. I, § 140).

Comme nous l'apprend Justinien, l'abandon noxal a dû tomber en désuétude à mesure que les mœurs se sont adoucies; *quis enim patietur, filium suum et maxime filiam suam in noxam alii dare?* (Inst. IV, VIII, § 7). Cet empereur ne fit donc que consacrer la ruine de cette institution, quand il déclara que désormais on ne pourrait plus intenter l'action noxale contre le père. Il ne resta plus que l'action de *peculio*.

Nous en avons fini là avec les actions qui pouvaient être dirigées contre le père de famille à l'occasion des obligations contractées par son fils; nous avons, dans l'exposé qui précède, réservé une observation parce qu'elle sera mieux comprise ici: Les actions *quod jussu, exercitoria*, etc., que nous venons d'étudier, ne sont pas des actions spéciales comme les actions *empti*, *locati*, etc.; ce sont des expressions sous lesquelles on désigne la forme que prenait l'action civile qui eût été dirigée directement contre le père s'il eût figuré lui-même dans l'obligation, action que l'on était obligé de modifier quand l'obligation émanait du fils et que l'on voulait agir contre le père. Ainsi, si le fils avait figuré dans une vente ou un louage, c'était l'action *quod jussu empti* ou *locati*, ou bien *exercitoria empti* ou *locati*, etc.

On ne sait pas, d'une manière positive, quelle était la modification que le préteur faisait subir à la formule pour transformer les actions civiles et les appliquer aux divers cas que nous avons énumérés, mais on peut le conjecturer d'une manière assez probable d'après la force même des principes.

CHAPITRE II.

EFFETS DE LA PUISSANCE PATERNELLE AU MOMENT DE LA MORT SOIT DU PÈRE, SOIT DU FILS.

Supposons maintenant que le père ou le fils meure, et demandons-nous quels effets, au moment d'expirer, la puissance paternelle va encore produire ; ces effets ne sont pas les moins importants comme nous allons le voir.

§ I.

Du droit de succession ab intestat accordé au fils.

Commençons par le cas où c'est le père qui meurt et meurt sans testament.

Dans ce cas, un effet fort important de cette puissance, c'est d'appeler les enfants qui y sont soumis à la succession de leur père en première ligne. Il nous faut, à ce sujet, entrer dans quelques détails.

Quand le père meurt, sa succession est attribuée tout d'abord à ceux qui, au moment du décès, se trouvent sous sa puissance immédiate, tels sont : ses fils, ses petit-fils dont le père est prédécédé ou sorti de la puissance paternelle et ainsi de suite. Peu importait, d'ailleurs, que ce fussent des enfants se rattachant au de cujus par le mariage, par la légitimation, ou par l'adoption ; ils succédaient tous également. L'enfant posthume qui se serait trouvé sous la puissance immédiate de l'auteur, au moment de sa naissance, si celui-ci ne fût point mort, succédait également ; c'était une application de la maxime : *Infans conceptus pro nato habetur.* . . . Il en était de même du fils captif à l'ennemi au moment du décès et qui revenait ensuite. La fiction du *jus postliminii* le faisait regarder comme n'étant jamais sorti de la puissance paternelle ; il faut encore en dire autant du fils dont la *causa probatur post mortem patris* (Gaïus, C. III, §§ 1, 2, 4, 5, 6 ; Inst. III, 1, §§ 1, 2, 4, 5), etc.

Quand la succession était dévolue à des enfants au premier dégré, le partage se faisait par tête ; il se faisait par souche dès qu'il y en avait un au dégré subséquent (Gaïus, C. III, §§ 7 et 8 ; Inst. III, I, § 6). C'est le principe posé dans l'art. 713, Cod. Nap.

Tous les enfants que nous venons de voir appelés en première ligne à la succession de leur père, formaient la première classe d'héritiers dits *siens et nécessaires:* siens, *quia domestici heredes sunt et vivo quoque parente quodammodo domini existimantur*; nécessaires, parce que ils étaient investis de la qualité d'héritiers *inviti* et *ignorantes;* elle leur était en quelque sorte imposée.

Aussi, peu importait qu'ils fussent sains d'esprit ou insensés ; ils succédaient la même chose (Gaïus, C. II, §§ 156, 157; Inst. II, XIX, § 2 et III, I, § 3).

Voilà ce qu'avait fait le Droit Romain pur, la loi des XII Tables, pour les enfants du de cujus ; on voit que la condition *sine qua non* pour succéder était de se trouver sous sa puissance : donc l'enfant émancipé ne succédait pas ; donc encore le fils ne succédait pas à sa mère, etc. C'est ici que, *æquitate motus*, le préteur a dû songer à corriger la sévérité du droit. Ses remèdes ne se firent pas attendre; les constitutions impériales vinrent ensuite battre en brèche ce système suranné qui fut complétement aboli par Justinien. Il serait sans doute fort intéressant de suivre ici pas à pas la marche du droit ; de voir s'évanouir peu à peu ces vieilles idées du *jus quiritium* et les voir remplacer par d'autres que notre droit devait consacrer et qui , quoique l'on puisse en dire , satisfont beaucoup plus l'intelligence et surtout le cœur. Mais cela n'est plus de notre matière, puisque ce n'est plus un effet direct et spécial de la puissance paternelle.

§ II.

Du droit qu'à le père de nommer par testament un tuteur à ses enfants.

Nous venons de supposer le père mort intestat ; il nous faut maintenant voir le cas où il a fait un testament et nous demander ce que peut et doit contenir ce testament, en restant toujours, bien entendu, dans le cadre de ce qui est relatif aux effets de la puissance paternelle.

Un droit que le père a toujours eu c'est celui de nommer par testament un tuteur aux enfants qui se trouvaient sous sa puissance immédiate, c'est-à-dire qui, à sa mort, devaient devenir *sui juris*. Mais il y avait, sous ce rapport, une grande différence entre les enfants mâles et les filles ; pour les premiers, la nomination du tuteur n'était valable que tout autant qu'ils se trouvaient impubères à la mort du père, parce que pour eux à la puberté finissait la tutelle ; pour les filles, la seule condition pour que le tuteur fût valablement désigné, était qu'elles devinssent *sui juris* par la mort de leur père, quel que fût d'ailleurs leur âge, car elles étaient toujours en tutelle. Mais cette différence n'existe réellement qu'à l'époque du droit classique ; plus tard, elle dut tendre à disparaître à mesure que la tutelle perpétuelle des femmes tomba en désuétude, et, sous Justinien, les femmes sont mises, quant à ce, sur la même ligne que les mâles (Gaïus, C. I, §§ 144, 145, 146 ; Inst. I, XIII § 3).

Le tuteur pouvait être nommé même à un enfant posthume (Gaïus, C. I, § 147 ; Inst. I, XIII, § 4).

C'était là un droit exclusivement attaché à l'existence de la puissance paternelle ; même sous Justinien, le père ne peut pas nommer un tuteur au fils émancipé ; pourtant, si une pareille nomination a été faite, l'empereur décide que le magistrat devra la confirmer sans examen (Inst. I, XIII, § 5).

§ III.

De l'exhérédation des enfants.

Une autre matière sur laquelle les effets de la puissance paternelle ne se manifestent plus comme droits, mais au contraire comme obligations, est celle qui concerne la dévolution de la succession du père de famille par testament; nous n'allons pas trouver ici une législation uniforme depuis l'origine jusqu'à Justinien, comme dans ce qui précède.

A l'origine, le père de famille avait la liberté la plus absolue quant au choix de son héritier; aucune limite, aucune entrave ne lui était imposée; sa volonté avait force de loi; *uti legassit.... Ita jus Esto*, avait dit la loi des XII Tables (120, Dig. 50, 16).

Mais ce principe qui permettait au père de mépriser les lois les plus sacrées de la nature, a dû, avec le temps, être ramené dans des limites plus rationnelles *(coangustatum est)*. On a cherché à imposer au testateur le respect de certains liens de famille. C'est de ce qui a été fait en faveur des enfants en puissance, que nous avons à nous occuper ici.

A partir d'une époque que l'on ne peut pas préciser, mais que l'on s'accorde généralement à placer avant Cicéron, la jurisprudence décida que, si un père voulait exclure de sa succession les enfants qu'il avait sous sa puissance, il devait le faire d'une manière formelle en les exhérédant. La nécessité de l'exhérédation existait en principe pour tous les enfants; mais elle subissait, suivant leur degré ou leur sexe, des modifications de détail qu'il nous faut indiquer ici.

Le fils au premier dégré devait être exhérédé *nominatim*, c'est-à-dire au moyen d'une désignation individuelle de nature à enlever toute équivoque : *Titius filius meus exheres esto*, ou encore, *filius meus exheres esto*, s'il n'y en avait qu'un (Gaïus, C. II, § 127; Ulpien, frag. XXII, § 16). Si le fils était omis, (c'est-à-dire n'était ni institué, ni exhérédé) le testament était nul ; suivant les Sabiniens, cette nullité était telle qu'elle subsistait alors même que le fils mourait avant son père. Les Proculeiens, au contraire, pensaient que dans ce cas le testament devait être valable (Gaïus, C. II, § 123). Malgré ce que cette dernière opinion paraît avoir de rationnel, c'est l'autre qui avait triomphé et c'est elle que consacra Justinien (Inst. II, XIII, Pr.)

Quant aux filles, quel que fût leur dégré, et aux enfants mâles, à partir du second dégré (s'ils étaient sous la puissance immédiate du testateur), il suffisait de les exhéréder *inter cæteros*, d'une manière générale : *cæteri exheredes sunto, omnes exheredes sunto.*

De plus, leur omission n'entraînait pas la nullité du testament ; ils n'avaient que le droit de venir en concours avec l'héritier institué pour une certaine portion. Ils avaient droit à la moitié de la succession si l'héritier institué était un extraneus, à une portion virile si c'était un héritier sien (Gaïus, C. II, § 124; Inst., *loc. supr.*)[1].

[1] On pourrait être tenté de croire que dans ce dernier cas c'était absolument comme si le testament était annulé; mais il y a cependant une différence énorme c'est que, le testament subsistant, les legs et fidéicommis qu'il pouvait contenir restaient valables.

Jusqu'ici nous n'avons parlé que des enfants qui se trouvent sous la puissance du testateur au moment où il teste. Les principes de l'exhérédation avaient été étendus aux enfants tombés en puissance après la confection du testament ; il nous faut en dire quelques mots pour compléter notre théorie.

Les enfants de cette deuxième catégorie sont appelés posthumes ou quasi-posthumes ; posthumes, quand c'est la naissance en légitime mariage qui les place sous la puissance immédiate du testateur ; quasi-posthumes, quand c'est un autre événement, l'adoption par exemple, ou la mort de leur père (ce qui les met au premier degré de l'aïeul), etc.

A l'origine, on ne pouvait pas empêcher la rupture du testament par la survenance de l'un de ces enfants ; car l'exhérédation ne pouvait être valablement faite ni pour les uns, ni pour les autres : les posthumes, parce qu'ils étaient des personnes incertaines ; les quasi-posthumes, parce qu'ils n'étaient pas propriétaires.

Quand il s'agissait d'enfants nés du vivant du testateur, la rupture du testament n'était pas un mal sans remède ; il lui restait encore la ressource de refaire son testament. Il n'en était plus de même quand il s'agissait de vrais posthumes, c'est-à-dire d'enfants nés après la mort du testateur. Aussi, admit-on de bonne heure que le testateur pourrait exhéréder ces enfants. C'est là le premier germe de la théorie de l'exhérédation des posthumes que nous allons suivre dans ses développements.

A l'époque de Cicéron on ne pouvait exhéréder que l'enfant posthume qui eût été héritier sien, s'il eût existé

au moment de la confection du testament, c'est-à-dire
le fils au premier dégré, le petit-fils dont le père était à
ce moment déjà mort ou sorti de la puissance de l'aïeul,
etc. Aquilius Gallus, qui fut le collègue et l'ami du
grand orateur, créa une formule qui permit d'exhéréder
le petit-fils né après la mort du testateur, qui n'aurait
pas été héritier sien au moment de la confection du testament, parce que son père était encore en puissance,
mais qui pouvait le devenir par le prédécès de celui-
ci (29, Pr., Dig. 28, 2); il en fit autant pour le petit-
fils (§ 2, *ibid.*) C'est ce que l'on a appelé la classe des
Posthumes Aquiliens.

Comme on le voit, cette formule laissait en dehors
tous les enfants qu'une cause quelconque faisait tomber
sous la puissance immédiate du testateur de son vivant.

La loi Junia Velleia, de l'an 763 de Rome, combla cette
lacune et compléta la théorie des posthumes. Cette loi se
divisait en deux chapitres (§ 11, *ibid.*) :

Le premier chapitre s'appliquait aux enfants nés
depuis la confection du testament, du vivant du testateur
et qui étaient héritiers siens dès le moment de leur nai-
sance (§ 12, *ibid.*); le chapitre II° s'appliquait aux
enfants déjà nés au moment de la confection du testament et qui ne devenaient héritiers siens que par un
événement postérieur du vivant du testateur (§ 13, *ibid.*
Gaïus, C. II, §§ 134, 135).

Les enfants adoptifs, qui se trouvaient en puissance au
moment de la confection du testament, pouvaient et
devaient être exhérédés, si le testateur voulait faire un
testament valable. Quant à ceux dont l'adoption était

postérieure au testament, ils n'ont jamais été compris dans la classe des posthumes ; leur survenance a toujours rompu le testament (Gaïus, C. II, §§ 138, 140; Inst. II, XVII, § I); il en était de même du fils qui était libéré d'une première ou seconde *mancipatio* et retombait, comme nous le verrons plus bas, sous la puissance paternelle (Gaïus, C. II, § 141). Il faut en dire autant du fils qui était légitimé par la *erroris probatio*. Cependant, un senatus-consulte du temps d'Adrien avait permis d'exhéréder celui dont la légitimation était postérieure à la mort du père (*ibid.*, §§ 142 et 143); on peut regarder ce sénatus-consulte comme ayant étendu encore la classe des posthumes quant à l'exhérédation.

Nous savons que l'omission des posthumes entraînait la nullité du testament (Gaïus, C. II, § 131) ; nous savons quels sont ceux des posthumes que l'on a pu exhéréder. Mais comment fallait-il les exhéréder? Ici une distinction avait été admise : les mâles, à quelque degré qu'ils fussent, devaient être exhérédés nominativement ; les filles pouvaient l'être *inter cæteros*; mais si on les exhérédait ainsi, il fallait leur laisser quelque chose, et la raison en est curieuse : *ne videantur præteritæ esse per oblivionem* (*ibid.* 132).

Par une faveur toute spéciale, des constitutions impériales avaient décidé que le militaire qui faisait son testament à l'armée pouvait impunément y omettre ses enfants ; leur omission valait exhérédation pourvu qu'il fût constant que le testateur connaissait l'existence de ses enfants (Inst. II, XII, § 6).

Cette théorie se rattache encore bien d'une manière

directe aux effets de la puissance paternelle, puisque
l'exhérédation n'était pas exigée pour les enfants hors
puissance, les enfants émancipés (Gaïus, C. II, § 135;
Inst. II, XIII, § 3). Cet état de choses demandait
impérieusement une modification, elle ne se fit pas
attendre ; ce fut le préteur qui l'apporta en exigeant
l'exhérédation même des enfants émancipés, comme
nous l'apprennent les textes ci-dessus. Plus tard arri-
vèrent aussi de nouvelles mesures de protection prises
dans l'intérêt des enfants ; mais leur étude n'est plus
comprise dans le cadre de notre sujet ; en effet, elles ne
sont plus le privilège exclusif des enfants *in potestate* ;
dès lors, elles ne tiennent plus directement aux effets de
la puissance paternelle.

§ IV.

De la substitution pupillaire.

Pour faire un testament, il fallait être pubère ; ce
principe amenait cette conséquence que celui qui mourait impubère, mourait nécessairement *intestat* ; à partir
d'une certaine époque on admit que l'impubère pourrait
mourir avec un testament ; mais ce testament ce n'était
pas lui qui le faisait, c'était son père. Quand celui-ci
faisait son testament, il pouvait y insérer cette clause :
*si filius meus.... prius moriatur quam in suam tutelam
venerit tunc Seius heres esto.* Si le fils mourait impubère
il avait Seius pour héritier (Inst. II, XVI, Pr.) Cette
disposition s'appelait substitution pupillaire.

Le père ne pouvait faire une pareille disposition qu'à l'égard du fils qu'il avait *in potestate*. Si cet enfant n'était pas sous sa puissance immédiate, la substitution pouvait être faite pour le cas où il y tomberait (2, Pr. Dig., 28, 6).

La substitution pupillaire pouvait s'appliquer même au fils deshérité par son père (Inst. II, XVI, § 4); mais il fallait qu'elle fût faite dans le testament du père ; elle ne pouvait pas être faite autrement (*ibid.*, § 5).

Quand la substitution pupillaire était faite à un fils institué, une constitution de Marc Aurèle, tranchant une ancienne controverse, avait décidé que la substitution vulgaire à ce fils serait toujours sous-entendue (4, Pr., Dig. 28, 6).

Pour que la substitution pupillaire pût sortir à effet, il fallait de toute nécessité que, au moment de la mort du fils impubère, le testament du père fût déjà ouvert, c'est-à-dire le père fût mort. Il pouvait arriver cependant que le père mourût après son fils et que la substitution fût valable ; c'est lorsque le père, captif à l'ennemi au moment de la mort du fils, mourait sans être jamais retourné dans ses foyers. Dans ce cas, en effet, par la fiction de la loi Cornelia, l'ouverture du testament était reportée à l'époque où le père avait été fait captif (28, Dig. 28, 6; 10, Dig. 19, 15). Voir sur ce point Cujas, Obs., liv. XV, C. XVII.

§ V.

Prédécès du fils.

Tant que les fils de famille n'eurent pas de pécules,

leur mort ne pouvait produire aucun effet par rapport à leur père.

Jusqu'aux empereurs chrétiens, les divers pécules du fils de famille passaient, à sa mort, en mains du père.

Enfin, à partir de ces empereurs, la succession *ab intestat* du fils fut réglementée autrement; elle était attribuée tout d'abord à ses enfants, à défaut, à ses frères et sœurs, et, en troisième lieu seulement, au père.

TROISIÈME PARTIE.

Dissolution de la puissance paternelle.

Il nous fait voir, enfin, de quelles manières finit, se dissout la puissance paternelle. Elle finit par les événements suivants :

1° Mort du père.

A la mort du chef de famille, chacun des enfants qui étaient sous sa puissance immédiate, se trouve affranchi de toute puissance paternelle; il devient libre, se trouve à son tour chef de famille, et a sous sa puissance les enfants qui se trouvaient sous celle de l'aïeul, comme ceux qui pourront lui arriver par la suite (Gaïus, C. I, § 127; Inst, I, XII. Pr.)

La mort du chef subdivise donc la grande famille en autant de familles nouvelles qu'il y a d'enfants placés sous la puissance immédiate de l'auteur. Mais il faut faire ici une observation essentielle, c'est que les membres de ces nouvelles familles n'en demeurent pas moins agnats entre eux, quoique le lien qui les réunissait autrefois sous une seule et même autorité, n'existe plus.

2° Mort du fils.

C'est une cause évidente de dissolution.

3° Condamnation du père à certaines peines.

La condamnation du père à la déportation, ce que l'on appelait, à l'origine, l'interdiction de l'*eau* et du *feu*, avait pour effet de lui faire perdre la qualité de citoyen. La conséquence forcée de cela était la perte de la puissance paternelle qui, étant une institution éminemment de droit civil, ne peut être exercée que par un citoyen (Ulpien, frag. X, § 3; Gaïus, C. I, § 128; Inst. I, XII, § 4).

Cette condamnation avait les mêmes effets que la mort du père; le lien d'agnation subsistait entre les diverses familles qui se formaient de la dissolution de l'ancienne.

4° Condamnation du fils.

Elle avait les mêmes effets que sa mort.

Une remarque commune à ces deux dernières causes de dissolution, c'est qu'elles n'étaient définitives qu'à la mort du père ou du fils; tant que le condamné vivait, l'empereur pouvait lui faire grâce; et si la grâce était complète (*si restituti fuerint per omnia*), la puissance paternelle renaissait; seulement elle ne renaissait que pour l'avenir (1, 2; Code 9, 51).

La condamnation dont l'effet était de rendre le condamné esclave, avait par *a fortiori* les mêmes conséquences que la condamnation à la déportation (Inst. I, XII, § 3); et il en était ainsi toutes les fois que le père devenait esclave par une cause quelconque.

5° Captivité du père.

Quand le père était pris par les ennemis, le sort de la puissance paternelle était en suspens tant que le captif vivait ; si, en effet, il parvenait à se soustraire au pouvoir des ennemis, il rentrait dans tous ses droits rétroactivement, du moment qu'il avait remis le pied sur le territoire de l'empire ; c'était la fiction dite *jus postliminii.* Si, au contraire, le père mourait chez l'ennemi, à partir de quel moment la puissance paternelle était-elle dissoute? Était-ce à partir de la mort du père, était-ce à partir du commencement même de la captivité? A l'époque de Gaïus (C. I, § 129), ce point était controversé. Sous Justinien, la dernière opinion est admise (Inst. I, XII, § 5).

6° Captivité du fils.

Il faut en dire autant de la captivité du fils.

7° Certaines dignités.

Autrefois, la qualité de vestale et celle de flamine de Jupiter avaient seules pour effet d'affranchir les enfants de la puissance paternelle (Gaïus, C. I, § 130). Aucune autre dignité n'avait cet effet; quand même le fils était dictateur, il restait soumis à la puissance paternelle.

Justinien commença par décider que la qualité de patrice serait une cause d'affranchissement de la puissance paternelle pour celui à qui on la conférerait (Inst. I, XII, § 4 et 5, Cod. 12, 3). Plus tard, il étendit ce bénéfice au profit des préfets du prétoire, des consuls, des évêques, etc. (Nov. 81).

Il faut encore observer ici que ces dignités ne portaient aucune atteinte aux droits d'agnation.

8° Émancipation.

A l'origine, le père qui voulait affranchir son fils de

6.

sa puissance, était obligé de recourir, comme nous le dit Justinien, à des ventes et des affranchissements successifs. Voici, en effet, comment on procédait : le père vendait son fils *per mancipationem* à un acheteur qui s'engageait à l'affranchir ensuite. Cet affranchissement avait pour effet de replacer le fils sous la puissance de son père. On recommençait ensuite deux fois cette série d'opérations, et ce n'était qu'après la troisième vente que le fils était libéré de la puissance paternelle, et alors, si l'acheteur l'affranchissait, il devenait *sui juris*.

S'il s'agissait d'une fille ou d'un petit-fils, une seule vente suffisait pour détruire la puissance paternelle (Ulpien, frag. X, § 1; Gaïus, C. I, § 132).

On avait discuté dans l'ancien droit la question de savoir si ces principes étaient applicables au cas où le père faisait l'abandon noxal de son fils. Les Proculeiens pensaient que dans ce cas même il fallait les trois ventes pour détruire la puissance paternelle sur le fils ; les Sabiniens étaient d'avis qu'une seule vente suffisait (Gaïus, C. IV, § 79).

L'empereur Anastase avait introduit un mode nouveau d'émancipation. Le père qui voulait émanciper son fils, s'adressait à l'empereur, qui accordait l'émancipation au moyen d'un rescrit (5, Cod. 8, 49).

Enfin, sous Justinien, toutes ces formes ont disparu. L'émancipation s'opère au moyen d'une simple déclaration faite par le père devant le magistrat (Inst. I, XII, § 6; 6, Cod. 8, 49), (rapprochez de l'art. 477, Cod. Nap.)

Nous pouvons maintenant comprendre parfaitement ce que nous avons dit plus haut sur la manière d'opérer

l'adoption dans l'ancien droit. Une fois la puissance pa--
ternelle épuisée par trois ventes ou une seule, on passait
à la *cessio in jure*, au lieu d'affranchir le fils. Nous savons,
au surplus que, sous Justinien, l'adoption ne détruit
plus la puissance du père naturel que quand elle est faite
par un ascendant paternel ou maternel.

9° Émancipation forcée.

En principe, l'émancipation était un acte purement
volontaire et spontané de la part du père de famille
(Inst. I, XII, § 9); mais il paraît que dans certains cas
on pouvait forcer le père à émanciper son enfant. La
loi 5, Dig. 37, 12 nous en offre un exemple. Voir aussi
6, Cod. 11, 40 ; 12, Cod. 1, 4.

Il paraît que depuis Constantin au moins celui qui
exposait son fils, perdait le droit de faire reconnaître sa
qualité de père (Cujas, Obs., L. 16, C. 36).

10° Adrogation du père.

Quand le père se donnait en adrogation, il entraînait
avec lui ses enfants sous la puissance de l'adrogeant. On
peut considérer cela comme une dissolution de la puissance paternelle, par rapport à l'adrogé.

APPENDICE.

DE LA MANUS ET DU MANCIPIUM.

Dans le cours de notre dissertation, nous avons annoncé que nous dirions quelques mots de la *manus* et du *mancipium*. Ces deux puissances, en effet, tiennent de si près à la théorie de la famille; elles ont tant de traits de ressemblance avec la puissance paternelle, que l'on ne peut se dispenser d'en donner un aperçu à la suite d'un exposé de cette puissance.

Ces deux puissances nous présentent encore un caractère tout spécialement romain (Gaïus, C. I, § 108); aussi, elles ont disparu avec la vieille société Romaine, et sous Justinien il n'en est plus question du tout.

§ 1er.

Manus.

La *manus* était le pouvoir que le mari pouvait acquérir sur sa femme, mais qui ne résultait pas nécessairement du mariage; elle était, du reste, spéciale pour les femmes et ne pouvait jamais exister sur les hommes (Gaïus, C. I, § 109).

1° Sources de la *manus*.

Nous avons dit plus haut que les événements propres à donner au mari la *manus* sur sa femme, étaient au nombre de trois : *confarreatio, coemptio, usus* (Gaïus, C. I, § 110).

La *confarreatio* était une cérémonie religieuse en l'honneur de Cérès; elle se faisait en présence de dix témoins; son nom vient du *farreum* (gâteau de farine) que le flamine présentait aux époux, et que ceux-ci brisaient en prononçant certaines paroles solennelles (Gaïus, C. I, § 112; Ulpien, frag. IX).

Certains historiens attribuent l'institution de la *confarreatio* à Numa, deuxième roi de Rome. Le caractère tout religieux de cette cérémonie donne un certain poids à cette assertion, mais l'opinion la plus généralement admise est qu'elle existait chez la plupart des peuples de l'Italie, même avant Romulus.

La *confarreatio* avait pour effet de rendre les enfants issus du mariage aptes à remplir les plus hautes fonctions sacerdotales. Il paraît même que les *nuptiæ confarreatæ* seules donnaient cette capacité aux enfants; Tacite nous apprend que sous Tibère on ne trouvait presque plus d'hommes pour remplir ces fonctions, parce que les femmes ne voulaient plus faire la *confarreatio* pour ne pas tomber au pouvoir de leurs maris. Un sénatus-consulte décida que la *confarreatio* se ferait *ad sacra tantum*, c'est-à-dire qu'elle ne donnerait plus la *manus* au mari; mais les enfants pouvaient entrer dans le sacerdoce (Voir Gaïus, C. I, § 136).

La *coemptio* était une vente solennelle de la femme au

mari, faite au moyen de la mancipation (Gaïus, C. I, § 113).

L'*usus* était une manière d'acquérir la *manus*, au moyen d'une possession continuée pendant une année. C'était une véritable usucapion de la femme par le mari. Pour l'interrompre, il fallait que la femme eût le soin de coucher, chaque année, trois nuits hors du domicile conjugal (Gaïus, C. I, § 111).

2° Effets de la *manus*.

Les effets de la *manus* se résumaient en ce mot de Gaïus : la femme *in manu mariti* était *loco filiæ* ; elle devenait la fille de son mari, la sœur de ses enfants. Tout ce que nous avons dit de la position du fils est applicable à la femme *in manu*. Nous ne donnerons donc pas ici des détails qui ne seraient qu'une répétition inutile; nous signalerons seulement une série de textes qui viennent à l'appui de notre assertion (Gaïus, C. I, §§ 148, 118; C. II, §§ 86, 96, 139, 159; C. III, §§ 3, 82, 83, 84; Ulpien, frag. XXII, § 14).

Il y avait pourtant à signaler quelques points qui étaient tout à fait spéciaux à la femme *in manu*. C'est ainsi que le mari pouvait, par testament, donner à sa femme l'*optio tutoris*, c'es-à-dire le droit de se choisir pour tuteur qui elle voudrait (Gaïus, C. I, §§ 150, 151, 152, 153, 154), ce qui ne pouvait avoir lieu pour le fils ou la fille. Il paraît que l'on avait douté que l'on pût acquérir la possession par la femme *in manu* (Gaïus, C. II, § 90).

3° Dissolution de la *manus*.

Nous pensons que parmi les événements qui détruisaient la puissance paternelle, on peut appliquer à la *manus* : la mort du mari ou de la femme ; la condamnation, la captivité de l'un d'eux ; l'émancipation ou l'adoption de la femme par un tiers (Gaïus, C. I, § 166); enfin, il faut ajouter comme modes spéciaux la *diffareatio*, espèce de sacrifice, et le divorce, au moins à partir d'une certaine époque.

§ II.

Mancipium.

Nous avons vu qu'un père avait le droit de vendre ses enfants par la *mancipatio*, et qu'il les plaçait par là dans un état que l'on appelait le *mancipium*, nom qui paraît dériver directement de la formalité qui lui donnait naissance (Gaïus, C. I, §§ 116, 117). Le mari pouvait en faire autant à l'égard de sa femme *in manu*; c'est encore une suite de cette idée qu'elle était *loco filiæ*.

Le *mancipium* était une puissance qui ressemblait beaucoup à celle du maître sur son esclave, *dominica potestas*; il y avait cependant entre ces deux puissances des différences notables.

Celui qui était *in mancipio* ne pouvait, comme l'esclave, rien recevoir du testament de son maître s'il n'était en même temps affranchi; l'affranchissement de l'homme *in mancipio* se faisait de la même manière que celui de l'esclave; on acquérait par lui comme par un esclave; s'il était institué par son maître il était héritier nécessaire ; le *mancipium* passait aux héritiers du maître (Gaïüs, C. I, §§ 123, 138; II. § 160).

Voilà les ressemblances, voici les différences : la faculté d'affranchir les personnes *in mancipio* a toujours été illimitée ; les lois *Ælia Sentia* et *Furia Caninia* qui avaient restreint le droit de donner la liberté à ses esclaves ne se sont jamais appliquées à la matière dont nous parlons. Les personnes *in mancipio* pouvaient forcer leur maître à les affranchir, à moins que le *mancipium* n'eût été acquis sous la condition que l'acheteur remanciperait le fils à son père ou encore que le fils n'eût été mancipé pour cause d'abandon noxal. Il n'en a jamais été ainsi de l'esclave. Par la personne *in mancipio* on ne pouvait pas acquérir la possession; on l'acquérait par les esclaves, la personne *in mancipio* était libre ; une fois délivrée de cette puissance, elle restait ingénue. Les personnes *in mancipio* jouissaient du bénéfice d'abstention comme les héritiers siens (Gaïüs, C. I. §§ 139, 140; C. II, §§ 89, 90, 160).

L'enfant né du fils de famille mancipé une ou deux fois tombait sous la puissance de son aïeul cela ne doit pas nous étonner et c'était admis sans controverse, car nous savons que la puissance de cet aïeul, sur son fils n'était pas épuisée. Si le fils était *in tertia mancipatione* son enfant ne pouvait plus tomber *in avi potestate*. Mais dans quelle position était-il? Les Proculéiens pensaient qu'il était, comme son père, *in mancipio emptoris*. Les Sabiniens pensaient que son état était en suspens tant que son père était *in mancipio* : si ce dernier était affranchi, le fils tombait sous sa puissance; s'il mourait *in mancipio*, le fils devenait *sui juris* (Gaiüs, C. I, § 135).

Le *mancipium* comme la *manus* n'était déjà presque plus employé au temps de Gaiüs que pour la forme, comme moyen d'arriver à l'adoption ou à l'émancipation (Gaiüs, C. I, § 141). Cependant il avait encore lieu sérieusement quelquefois, puisque nous voyons Constantin le défendre. (Voy. *Supra*).

CONCLUSION.

Nous avons achevé la tâche que nous nous étions imposée sur le Droit Romain ; nous pouvons maintenant mesurer la distance qui sépare les institutions que nous avons étudiées, à leur point de départ et à l'époque de Justinien qui est la dernière expression de cette législation au moment où elle va succomber sous les coups des barbares ; nous pouvons justifier la pensée par nous émise en commençant, que nous aurions à constater un dernier état du Droit Romain qui toucherait en bien des points à notre législation moderne.

C'est ainsi que l'adoption primitive avec ses formes longues et bizarres et ses effets absolus, se fait, dans le dernier état du droit, par une simple déclaration devant le magistrat comme elle se fait chez nous par un acte passé devant le juge de paix (art. 353); alors l'enfant adoptif ne sortira plus de la famille naturelle pour entrer avec tous les droits d'un parent dans celle de l'adoptant ; l'adoption n'aura plus qu'un effet, c'est de donner à l'adopté droit de succéder *ab intestat* à son père adoptif, de créer entre lui et certains parents de l'adoptant un empêchement au mariage. C'est à peu près ce que consacrent nos art. 348 et 350.

Les effets de la puissance paternelle nous présentent une marche absolument identique. Le *jus vitæ ac necis* a fait place à un droit de correction renfermé dans de sages limites ; que si le père a à se plaindre de son fils, il doit l'accuser devant le magistrat ; rapprochez de cela les art. 375 et suivants. Le père qui, à l'origine, devenait propriétaire absolu de tout ce que son fils pouvait acquérir, n'a plus, sous Justinien, que l'usufruit de ces biens. Comparez les art. 384 et 385, etc.

Mais même en cet état, nous savons que l'on pourra nous signaler encore des différences radicales entre les deux législations ; aussi, n'avons nous pas parlé d'une ressemblance parfaite entre elles, mais seulement d'un rapprochement. Nous avons voulu constater la tendance du Droit Romain à se débarrasser de ses principes étroits et rigoureux pour consacrer des idées plus larges et plus naturelles. Nous avons voulu signaler à leur première apparition, ces idées, que treize siècles plus tard notre législateur devait prendre pour base de ses institutions.

DROIT FRANÇAIS.

❦❦❦❦❦

DE LA CONDITION DES ENFANTS NATURELS SIMPLES, INCESTUEUX ET ADULTÉRINS.

◆◇◆

AVANT-PROPOS.

Pour assurer la conservation de l'espèce humaine, Dieu a mis dans les instincts de l'homme et de la femme un besoin de se rapprocher l'un de l'autre, et ce rapprochement il l'a fécondé en l'ornant d'une émanation de sa puissance créatrice.

Mais ce n'était pas assez pour les vues infinies du créateur d'avoir assuré la multiplication de l'espèce humaine; il fallait donner à l'homme les moyens d'accomplir sa destinée ici-bas et d'arriver ainsi aux fins qui lui sont promises dans un autre monde; pour cela, i' fallait placer auprès de son berceau une mère tendre et dévouée qui en éloignât les périls dont sa chétive exis-

tence est sans cesse menacée ; il fallait donner à l'enfant
un père qui pût diriger ses prémiers pas encore chance-
lants, jusqu'à ce qu'il eût acquis assez de force pour marcher seul ; une fois arrivé à l'âge viril, bien des épreuves
l'attendent sur cette terre ; il fallait lui donner une
compagne qui vînt en adoucir l'amertune en lui prodi-
gant sans cesse ses soins, sa tendresse et son amour ;
enfin, il fallait lui assurer un appui pour sa vieillesse
en retenant auprès de lui ses enfants par les liens de
l'affection et de la reconnaissance.

Des unions formées sous le seul attrait du plaisir
eussent été impuissantes à procurer ces heureux résultats. Inspirées par la passion seule, elles n'auraient
duré, comme elle, que le temps très court qui suffit à
notre nature inconstante pour se lasser de toute chose ;
l'homme et la femme, dégoûtés l'un de l'autre, se
seraient bientôt séparés pour aller chercher dans de
nouvelles unions des plaisirs plus nouveaux, et partant
plus attrayants ; c'est ainsi qu'ils auraient traîné leur
vie jusqu'à ce que la vieillesse arrivant et avec elle les
infirmités qui en forment le triste cortége, ils n'eussent
d'autre ressource que de finir une existence misérable
par une mort plus misérable encore.

Quant aux enfants, demeurés étrangers à leurs
parents et livrés dès l'âge le plus tendre sans défense
aux dangers qui les environnent, ils n'eussent échappé
à tant de périls que pour suivre l'exemple qui leur était
tracé et arriver à une fin non moins misérable que celle
de leurs auteurs.

Pour proscrire d'aussi tristes désordres, il fallait don-

ner à l'union de l'homme et de la femme un caractère
de continuité, et pour cela, il fallait que Dieu mit dans le
cœur de l'homme ce sentiment qui lui fait comprendre
qu'il n'a point été créé pour vivre isolé ; que par lui seul
il ne forme qu'un être imparfait qui ne se complète que
par son union avec la femme créée pour lui être *adjuto-
rium simile sibi* (Génèse, C. II, V. 18).

Sous l'influence de ce sentiment, se forma l'institution
du mariage qui fut « la source d'un nouvel ordre de plaisirs et de vertus, *fit* connaître les avantages de la dé-
cence, les attraits de la pudeur, le désir de plaire, le
bonheur d'aimer, la nécessité d'aimer toujours. *Par lui,*
le père entendit au fond de son cœur la voix secrète de
la nature ; il l'entendit dans le cœur de son épouse et
de ses enfants. Il se surprit versant des larmes que ne
lui arrachait plus la douleur, et apprit à s'estimer en
devenant sensible» (J. J. Barthélemy, Introd. au voyage
de la Grèce).

Dominés pourtant par le besoin de procréer des enfants afin d'avoir des bras qui pussent fertiliser une terre
devenue ingrate par la déchéance de l'homme, les premiers peuples nous présentent l'institution du mariage
presque entièrement absorbée par les idées sensuelles ;
c'est ainsi que chez tous les peuples de l'antiquité la
polygamie est autorisée et le peuple de Dieu lui-même la
tolère (Génèse, Ch. XXIX et XXX). Pourtant, chez les
Juifs, l'idée du mariage nous apparaît déjà avec un certain relief ; car, si un homme a plusieurs femmes, une
seule a le titre d'épouse et les autres ne sont qu'au
second rang (*ibid*, Ch. XXI, V, 10). Dans le partage

des biens. l'enfant de l'épouse aura le patrimoine, les autres n'auront que des présents (*ibid*. Ch. XXV; V, 5 et 6).

A Rome nous trouvons déjà l'idée du mariage franchement définie. Les jurisconsultes nous le présentent comme étant *viri et mulieris conjunctio individuam consuetudinem vitæ continens* (Just. Inst. liv. I, Tit. IX, § 2). La polygamie est défendue. (Just. Inst. I, X, § 6). Mais à côté du mariage (*justæ nuptiæ*) nous trouvons un reste de sensualisme ; la loi tolère une union de l'homme et de la femme qui n'a du mariage que le côté matériel ; aussi, la désigne-t-on par l'expression énergique de *concubinatus* ; cette union est tout à fait en dehors de la loi civile ; elle n'a pas d'autres règle et pas d'autres effets que ceux que trace et que produit la nature ; au mariage seul tous les honneurs ; à lui seul appartient de conférer les titres honorables d'époux et d'épouse ; lui seul procure au père la puissance sur ses enfants.

Si nous voulons voir apparaître l'institution du mariage dans toute sa pureté, il faut arriver au temps du christianisme; le christianisme seul a pu, sous l'influence de sa morale divine, purifier l'union de l'homme et de la femme, la dégager de toute idée sensuelle et l'élever à la hauteur qu'elle mérite. Dès lors l'homme et la femme s'uniront bien encore pour perpétuer leur espèce, mais il y aura entr'eux un lien moral qui, de leurs deux personnes n'en faisant qu'une, formera un être assez fort pour marcher d'un pas sûr à travers les épreuves de ce monde et arriver aux fins qui lui sont

réservées dans une autre vie. C'est cette idée que nous
trouvons inscrite en tête du titre du mariage de notre
Code Napoléon dans ces paroles de l'orateur chargé de
soutenir le projet du gouvernement : « *Le mariage est la
société de l'homme et de la femme qui s'unissent pour
perpétuer leur espèce et pour s'aider par des secours mu-
tuels à porter le poids de la vie en partageant leur commune
destinée.* » (Discours de M. Portalis au tribunat). Idée
sublime, quoiqu'on ait pu en dire, et qui répond bien à la
pensée du créateur.

Mais si le mariage n'a pas atteint du premier coup la
touchante sublimité à laquelle il est arrivé depuis, ce
n'en a pas moins été de tous temps le ressort secret qui
a poussé les premiers hommes à se réunir en familles,
les familles en cités, les cités en états, pour arriver à la
formation des diverses sociétés modernes. C'est ce que
nous trouvons indiqué dans la phrase suivante d'un
auteur que nous avons déjà cité : « Bientôt les familles
se rapprochèrent par des alliances; des chaînes sans
nombre embrassèrent tous les membres de la société »
(J. J. Barthélemy, Introd. au voyage de la Grèce). Sans
ces chaînes nombreuses quel lien eût été assez puissant pour réunir les hommes et en former des agréga-
tions d'une certaine importance ?

Le mariage est donc la première source de la famille,
et par suite, de la société; détruire le mariage serait détruire la société; c'est là une vérité qu'il n'entre pas
dans notre plan de prouver à l'aide de développements
historiques plus ou moins péniblement amassés; nous
nous bornerons aux quelques mots que nous avons mis

au commencement de cet avant-propos et nous espérons que, soutenus par les exemples de tant de peuples et par la conscience de tous les hommes civilisés, ils auront assez d'autorité pour que nous puissions, en tête de notre dissertation, inscrire cette pensée comme un axiôme.

Si le mariage est la base de la société, ceux qui ont eu pour mission d'éclairer et de diriger l'humanité ont dû de tout temps favoriser le mariage et proscrire ces unions illégitimes inspirées par le caprice du moment et bientôt rompues quand le caprice est satisfait, la passion assouvie. A l'un, tous les encouragements et tous les honneurs ; aux autres, mépris et flétrissures ! Telle est la double tâche qu'ont eue à remplir tous les législateurs.

Quelle a été aux diverses époques de l'histoire des peuples la traduction, l'expression pratique de cette double pensée ; se serait là sans doute une belle thèse à se proposer ; son développement offrirait plus d'un utile enseignement et, quoique l'œuvre eût surtout un but historique, elle ne manquerait pas d'un grand intérêt juridique. Mais ce ne peut être là que l'entreprise d'un maître, d'un homme qui, par de longues études, par de lentes et pénibles recherches, serait arrivé à amasser de vastes connaissances en histoire, en droit et en philosophie. Quelque séduisante que l'œuvre nous paraisse, nous nous voyons obligé de nous contenter de l'avoir indiquée ; elle serait trop lourde pour une plume inexpérimentée comme la nôtre ; au sortir des bancs de l'école nous ne pouvons prendre sur nous un si pesant fardeau.

Nous ne pouvons prétendre ici qu'à une chose, et c'est notre vœu le plus cher, c'est de prouver à ceux qui ont dirigé nos premiers pas dans la carrière du droit que nous avons puisé sous leur haute direction le goût des études sérieuses, et que, pénétré pour eux d'un profond sentiment de reconnaissance, nous avons voulu le leur témoigner par de nouveaux efforts. Heureux si aujourd'hui que nous venons leur demander le titre qui couronnera nos études classiques, nous pouvons leur faire une offrande qui ne soit pas jugée par eux trop indigne de tout ce qu'ils ont fait pour nous.

Il nous a paru dès lors plus conforme au but de notre dissertation et plus dans les limites de nos forces de rechercher quelles sont aujourd'hui chez nous, d'après le Code Napoléon, les mesures prises pour proscrire autant que possible ces unions illégitimes si nuisibles à l'intérêt général de la société. Nous laissons de côté tout ce qui a été fait par notre législateur pour encourager et multiplier les mariages (ce qui est le complément indispensable de son œuvre), afin de ne pas élargir outre mesure le cadre de notre dissertation ; nous nous contentons de proclamer ici comme une vérité incontestable que nos lois contiennent une foule de dispositions propres à favoriser les mariages, sans entrer à ce sujet dans aucun détail.

Nous arrivons ainsi à notre sujet limité comme l'annonce notre titre, c'est-à-dire à l'étude de la condition faite aux enfants nés hors mariage ; le développement de cette thèse présentera le tableau des dispositions écrites par la loi pour prévenir les unions illégitimes ; en

7.

effet, la seule peine que loi ait cru devoir prononcer contre ces unions tombe non pas sur ceux qui en sont les auteurs, sur les coupables, les seuls coupables, mais au contraire sur les fruits innocents de ces criminelles associations ; législation étrange et bizarre au premier abord, il faut bien le reconnaître, qui laisse de côté le coupable pour aller frapper l'innocent! Nous aurons à en apprécier le mérite plus bas, dans le cours de notre dissertation ; pour le moment contentons-nous d'énoncer cette vérité que, à part les unions entachées d'adultère, les unions illégitimes ne sont frappées directement d'aucune pénalité ; toutes les rigueurs de la loi sont pour l'enfant issu de ces malheureuses et coupables unions que la loi a frappé d'une manière bien rigoureuse, ne fût-ce qu'en le condamnant à vivre le plus souvent sans parents, sans famille.

Mais avant d'entrer dans notre sujet disons quelques mots de la position qui était faite aux bâtards dans les législations qui ont précédé le Code Napoléon ; nous serons sur ce point très bref comme l'annonce ce qui précède.

COUP-D'ŒIL HISTORIQUE.

Nous avons vu dans notre dissertation précédente que la législation Romaine, laissant de côté la famille naturelle, tout au moins en ce qui concerne les relations les plus importantes du droit privé, avait créé une famille tout artificielle en quelque sorte dont le lien était cette puissance souveraine et despotique du *pater familias*; nous savons que tout ce qui était sous la puissance de ce chef était dans la famille, que tout ce qui était hors de cette puissance était aussi hors de la famille.

En cet état si nous nous demandons quelle était à Rome la position du bâtard, la réponse est connue d'avance; s'il est issu du concubinat, il a un *pater certus*, il est vrai, mais il n'est point sous la puissance de son père; donc il est étranger à la famille; il ne sera point appelé à la succession de son père; il en sera de même par *a fortiori* à l'égard de la mère.

La législation reconnaît cependant et consacre entre le père et l'enfant naturel certains devoirs : telle est l'obligation réciproque de se fournir des aliments ; telle est l'impossibilité réciproque de diriger une action infamante l'un contre l'autre, etc. Si c'est un enfant *vulgo conceptus*, il n'y a pas à s'inquiéter du père, car il n'en a point. Vis-à-vis de la mère, il sera comme l'enfant issu du concubinat.

Tels étaient les principes du droit pur. Le droit prétorien qui tendait toujours à faire triompher de plus en plus les droits de la nature et les règles de la justice, modifia ces principes. Il appelait le père et le bâtard à la succession l'un de l'autre à l'aide de la *bonarum possessio unde cognati*. Mais ce secours n'attribuait point au père ou à l'enfant le rang qui lui a été assigné par la nature ; cela ne les appelait à la succession que dans le troisième ordre d'héritiers.

Il va sans dire, au surplus, que ce bénéfice existait au profit de la mère soit légitime, soit naturelle (que l'on nous pardonne ces deux barbarismes), car le préteur, ne s'occupant que du lien naturel, devait tenir la mère à l'égal du père.

L'empereur Claude, le premier, appela quelquefois une mère à la succession de son fils (mort à la guerre probablement). Mais ce ne furent là que des faveurs toutes spéciales et qui ne portèrent aucune atteinte aux principes généraux droit.

Sous le règne d'Adrien ou peut être d'Antonin-le-pieux, le sénatus-consulte Tertullien vint le premier poser en principe que la mère succéderait à son enfant et régla les conditions de ce droit de succession qui était le même vis-à-vis du bâtard et vis-à-vis de l'enfant légitime. Le S. C. Tertullien fit monter la mère au second rang ; avant, elle ne venait qu'au troisième. Justinien étendit ces dispositions à l'aïeule.

Le sénatus-consulte Orphitien, rendu sous le règne de Marc Aurèle, vint compléter l'œuvre du précédent en établissant, au profit de l'enfant même bâtard, le droit de succéder à sa mère en première ligne ; une constitution de Théodose accorda le même bénéfice aux petits enfants.

Les deux sénatus-consultes dont nous venons de parler avaient laissé subsister les principes rigoureux du droit civil relativement à la succession *ab intestat* entre le père et le bâtard. Cependant, à côté de cette rigueur du droit, le père trouvait dans la loi la liberté la plus absolue de laisser à son bâtard tout ce qu'il voudrait par testament.

A partir de Constantin, une ère nouvelle plus défavorable encore s'ouvrit pour les enfants naturels. Les décisions de cet empereur et de ses successeurs eurent toujours pour objet de restreindre la faculté pour le père de disposer par testament au profit de son enfant bâtard. Il est vrai qu'à partir aussi de ce même empereur nous avons vu les modes de légitimation naître et se multiplier. C'était là une compensation à la sévérité du droit à l'égard des enfants naturels, car par là le père pouvait purger l'incapacité de son enfant en l'élevant à la hauteur d'un enfant légitime.

Sous Justinien, la position des enfants naturels fut sensiblement améliorée ; mais l'idée dominante de la législation qui les régit est encore à cette époque une idée d'incapacité.

Au moment où la chute de l'empire Romain fut consommée, avons-nous besoin de nous demander quels étaient les principes de ces hordes barbares qui vinrent s'en partager les débris ? Nous ne devons pas être étonné de voir confondre, chez elles, le bâtard avec l'enfant légitime, ou plutôt nous devons être surpris de n'y voir pas disparaître jusqu'à l'idée même de la légitimité ; le mariage devait être une chaîne trop lourde pour des hommes habitués à suivre uniquement les inspirations de leurs instincts et ne connaissant pas d'autre limite à leurs désirs que la force matérielle. L'invasion des barbares dut bannir pour un instant l'idée de ce que nous appelons le droit ; mais bientôt cet élément, brutal il est vrai, mais plein de force et de vie, que Dieu avait jeté au milieu d'une société corrompue et mourante

comme pour lui donner une vigueur nouvelle, cet élément, disons nous, dépouilla son enveloppe grossière
et commença à se policer; des sociétés nouvelles se for-
mèrent et le droit reparut peu à peu du sein du chaos
où il avait été plongé. C'est alors que sur le sol de
notre vieille France naquirent ces deux législations qui,
se développant peu à peu, devaient jusques aux temps
modernes s'en partager le territoire, la législation coutu-
mière, et le droit écrit. Disons quelques mots pour signaler
les traits principaux de chacune de ces législations.

Dans les pays de droit écrit où le Droit Romain était
la base de la législation, nous ne devons pas nous
étonner de retrouver l'incapacité de l'enfant naturel tant
au point de vue de la succession testamentaire, qu'à
celui de la succession *ab intestat*. Il paraît même, que
dans la plupart de ces pays, on avait renchéri sur la
sévérité du Droit Romain, en prononçant l'incapacité de
l'enfant naturel vis-à-vis de la mère comme vis-à-vis
du père. Le parlement de Grenoble seul était demeuré
fidèle aux traditions du Droit Romain, en décidant que
le bâtard devait succéder à sa mère.

Dans les pays de coutumes, à travers la diversité de
législation que devait amener nécessairement l'influence
de l'esprit de localité, on trouve les principes ci-dessus
reproduits d'une manière à peu près générale. Presque
partout nous rencontrons cette règle que l'enfant naturel
n'a aucun droit à la succession *ab intestat* de ses père et
mère: *enfants bâtards ne succèdent*. Cependant quelques
coutumes avaient suivi les principes du Droit Romain
et décidé que l'enfant naturel succéderait à sa mère.

Les coutumes nous présentent aussi, d'une manière à peu près générale, la consécration de certains devoirs naturels entre le bâtard et son auteur; telle est l'obligation réciproque de se fournir des aliments; et, pour que cette obligation existât, il suffisait que la filiation eût été constatée par l'un de ces moyens si faciles admis alors; les preuves de la filiation n'étaient pas rigoureuses comme elles le sont aujourd'hui; les moyens les plus incertains triomphaient le plus souvent et cela pour le père aussi bien que pour la mère. Dans certains pays on avait admis la maxime fort dangereuse *creditur virgini dicenti se ab aliquo agnitam et ex eo prægnantem esse.* Nous rattacherons à la même idée le principe qui permettait aux père et mère naturels de faire à leurs enfants des dons ou legs pourvu qu'ils ne fussent point excessifs, ni faits à titre universel.

Du reste, les père et mère ne succédaient pas non plus à leur bâtard; celui-ci avait pour héritiers en première ligne ses enfants légitimes ; à défaut ses biens appartenaient au roi ou au seigneur haut-justicier, suivant des distinctions qui tenaient au régime alors en vigueur. Dans quelques coutumes on avait tellement abaissé le bâtard qu'il lui était défendu de tester; *et ne peut un bastard tester ni faire testament et par icelui ne disposer de ses biens fort que de cinq sous.*

Ainsi, incapacité absolue de succéder *ab intestat,* incapacité plus ou moins grande de recevoir des libéralités, voilà le caractère à peu près général que présentait la législation de la France vers la fin du siècle dernier. Presque partout aussi on rencontre le principe de la légitimation des bâtards par le mariage subséquent des père et mère, ou par les lettres patentes du prince.

Il y avait là certainement quelque chose de cruel et de révoltant; la révolution de 1789 dut passer ici comme partout son niveau réformateur. Les premiers actes de la révolution abolirent le droit de bâtardise attribué aux seigneurs ; la loi du 4 juin 1793 posa en principe que les enfants naturels succéderaient à leurs auteurs. La loi du 12 Brumaire an II, développant ce principe, décida qu'a l'avenir les enfants naturels succéderaient à leurs père et mère et même aux parents collatéraux de ceux-ci comme les enfants légitimes; mais à côté de ces règles elle prit une décision très sage en proclamant que désormais la recherche de la paternité serait interdite; elle laissa pourtant subsister les anciennes manières de prouver la filiation pour les enfants dont les auteurs étaient morts avant sa promulgation.

On le voit, si l'ancienne jurisprudence avait été par trop avare pour les enfants naturels , la législation révolutionnaire se montra peut-être prodigue à leur égard; c'est là le cours des institutions de ce monde, un extrême jette presque toujours dans l'extrême opposé.

Certains auteurs prétendent qu'autrefois les bâtards étaient exclus des fonctions publiques. Quoi qu'il en soit de cette incapacité dans l'ancien droit, il est certain qu'elle n'existe plus aujourd'hui. A part les incapacités dont il est frappé au point de vue de la famille, l'enfant naturel est dans la même position que l'enfant légitime, au point de vue du droit privé comme au point de vue du droit public.

DIVISION DU SUJET.

Après avoir exposé ces quelques notions historiques,
nous arrivons maintenant à ce qui doit plus particu-
lièrement faire l'objet de cette dissertation, à l'étude détaillée de la condition des enfants naturels, d'après le
Code Napoléon. Nous aurons ici à diviser nos études et
nos explications en deux parties : dans la première,
nous traiterons des enfants simplement naturels, c'est-
à-dire ceux qui sont nés de deux personnes qui n'é-
taient pas unies par les liens du mariage au moment de
la conception de ces enfants, mais au mariage desquelles
il n'existait à ce moment là aucun obstacle provenant,
soit d'une parenté au dégré prohibé, soit de l'existen e
d'un premier mariage de la part de l'une d'elles ou de
toutes les deux. Dans la seconde partie, nous traiterons
des enfants issus de personnes entre lesquelles il existait,
relativement au mariage, de pareils obstacles ; ce sont
les enfants appelés incestueux ou adultérins.

PREMIÈRE PARTIE.

Des enfants naturels simples.

L'enfant naturel comme l'enfant légitime, se trouve, par le seul fait de sa naissance, placé au milieu d'une certaine agrégation de personnes avec lesquelles il est uni par les liens du sang et que l'on appelle dans le langage du monde sa famille. C'est là un fait qu'il n'appartient à personne de nier ou de détruire. Mais ce qui est dans le pouvoir et les attributions du législateur, c'est de déterminer quelle sera la portée, quels seront les effets de ce lien purement naturel, quand on entrera dans le domaine du Droit civil, c'est-à-dire de décider si ce lien du sang sera compté pour quelque chose dans l'ordre des droits civils, en quoi on en tiendra compte, en quoi il sera tenu pour complétement inexistant. En matière de parenté légitime, le législateur a consacré ce lien jusqu'à un dégré assez éloigné ; nous verrons qu'il n'a pas été aussi généreux pour ce qui concerne les enfants naturels ; nous avons déjà dit, en effet, et c'est le lieu de le répéter ici, que la loi en frappant l'anfant naturel l'a frappé surtout par le côté moral en ne lui permettant pas d'avoir d'autre famille que celle à laquelle il pourra donner le jour dans une union légitime ; en dehors de cela, il pourra bien être en relation de parenté avec son père et sa mère, mais ce lien ne s'étendra pas au-delà ; tous les autres parents de ses auteurs demeureront pour lui des étrangers (on en trouve une preuve dans les articles 756, 158, 159), sauf peut-être en un point tout particulier que nous verrons plus bas.

Ces quelques mots nous indiquent d'une manière générale le cadre que nous avons à remplir, pour traiter de ce qui concerne l'enfant naturel ; déterminer quels sont les rapports de l'enfant naturel vis-à-vis de son auteur ; démontrer que ces rapports ne s'étendent pas au-delà ; telle est notre tâche.

Mais avant d'examiner quels sont les rapports que la loi a établis entre le père et l'enfant naturel, au point de vue des divers droits civils, il nous faut rechercher comment l'enfant naturel peut se rattacher légalement à son auteur ; pour l'enfant légitime comme pour le bâtard, le seul fait de la naissance n'établit aucun lien légal entre lui et son auteur. Pour que cette liaison existe, il faut la prouver, et les moyens de la prouver ne sont pas abandonnés par la loi au caprice du juge ou de la partie ; ils sont, au contraire, rigoureusement et limitativement déterminés par le législateur, tant pour le bâtard que pour l'enfant légitime. De telle sorte, que celui qui ne peut pas se placer sous le patronage de l'un de ces moyens, peut bien avoir ce que l'on appellera, dans le langage du monde, son père, sa mère, sa famille ; mais, légalement parlant, il n'a aucun parent, il est ici-bas

complétement isolé. L'étude de cette première partie
nous fournira l'occasion d'exposer les principes relatifs
aux preuves de la paternité et de la filiation naturelles.
Nous aurons à nous demander ensuite si le lien de parenté, vis-à-vis de la famille du père naturel, est tout à
fait méconnu par la loi ou si, au contraire, il peut avoir
à ses yeux quelque effet ; ce sera la théorie des empêchements au mariage provenant de la parenté naturelle. Supposant ensuite un enfant naturel rattaché à
son père d'une manière légale, par l'un des moyens que
nous aurons examinés, nous aurons à étudier une série
de rapports dans lesquels il peut se trouver, vis-à-vis
de son auteur, depuis le moment de sa naissance, jusqu'au moment où la mort, venant trancher l'une des
deux existences, nous amènera à l'un des points les plus
importants de notre matière, la théorie de la successibilité réciproque. Pour avoir quelque chance de remplir
notre tâche d'une manière un peu complète, nous
n'avons rien de mieux à faire que de calquer nos travaux sur le cadre que la loi nous a elle-même tracé pour
les enfants légitimes et qu'elle a eu le malheur de ne pas
reproduire d'une manière complète pour les enfants
naturels; lacune fâcheuse qui rendra souvent notre tâche
fort périlleuse ; car, pour un jugement encore peu expé-
rimenté comme le nôtre, il est difficile de ne pas s'égarer
quand on n'a pas, pour se diriger au millieu des ténèbres
d'une discussion, la lumière des textes. Nous ferons nos
efforts pour faillir le moins souvent possible, et nous sommes sûrs que les chutes inévitables que nous ferons nous
seront pardonnées ; jugé par des maîtres, nous sommes

certain que la plus bienveillante indulgence nous ac-
cueillera ; nous avons besoin de cette conviction pour ne
pas reculer devant les difficultés de la matière.

Pour donner une idée des matières que nous aurons
à parcourir, nous n'avons qu'à présenter ici l'esquisse
des rapports que la loi a organisés et prévus entre l'enfant légitime et son père, et de nous demander ensuite,
en suivant ce canevas, ce qu'il en est de l'enfant naturel.

Ainsi, l'enfant légitime reçoit de son père son nom,
sa nationalité, son domicile ; la loi oblige le père à lui
donner la nourriture physique et morale dont il a besoin;
tant qu'il est enfant, le père a sur lui une puissance
toute de protection en échange de laquelle la loi donne
à ce père la jouissance des biens que peut avoir l'enfant.
Si son père vient à lui être enlevé dans un âge encore
inexpérimenté, une nouvelle puissance s'organise au-
tour de lui pour le protéger (Théorie de la tutelle). Le
père, confiant dans la force et la maturité de son enfant,
peut, avant l'âge marqué par la loi, l'affranchir de sa
puissance (Théorie de l'émancipation). Quand il est en
âge de se choisir une compagne, le père a le droit pendant un certain temps d'opposer à son choix un *veto*
absolu et sans motif, et, plus tard, durant toute sa vie,
il faut nécessairement qu'il soit consulté sur le choix du
conjoint. Durant toute sa vie aussi, l'enfant doit à son
père honneur et respect; précepte de morale, mais qui
a aussi ses conséquences pratiques. Quand le père est
devenu vieux et infirme, qu'il ne peut plus se suffire à
lui-même, la loi impose à l'enfant l'obligation de le soutenir. Quand le père meurt, la loi attribue sa succession

au fils en première ligne ; elle veille à ce que cette succession , au moins dans une certaine mesure, soit par-
tagée par égales portions entre les enfants (Théorie des
rapports) ; elle prévoit qu'un père pourrait s'oublier au
point de donner ses biens à des étrangers en deshéri-
tant ses enfants, et elle prend des mesures pour que ce
résultat n'arrive pas (Théorie de la réserve). Si le fils
meurt avant son père, celui-ci succèdera dans certains
cas. La loi offre à un père prudent le moyen de s'assurer que son fils ne dissipera pas les biens qui lui re-
viennent, et que les petits-enfants les retrouveront in-
tacts (art. 1048 et suivants). S'il y a plusieurs enfants
et surtout s'il y a des mineurs, le partage de la succession peut donner lieu à des difficultés nombreuses et à
de grands frais ; les articles 1075 et suivants du Code
Napoléon donnent à un père prévoyant le moyen de prévenir les unes et d'éviter les autres. La loi, craignant
la funeste influence d'une seconde femme contre les enfants d'un premier lit, fixe une quotité disponible res-
treinte entre époux, quand il y a de ces enfants (art 1091
et suivants), etc.

Voilà d'une manière sommaire le plan que nous avons
à parcourir en établissant entre l'enfant naturel et l'enfant légitime , tantôt des rapports de ressemblance et
tantôt des rapports de différence.

CHAPITRE PREMIER.

THÉORIE DE LA FILIATION.

Nous avons à nous demander ici de quelle manière un enfant venu au monde par l'une de ces unions que la morale réprouve, peut arriver à se rattacher légalement à celui qui lui a donné le jour.

Ce lien peut résulter de deux actes bien différents dans leurs causes et dans quelques-uns de leurs effets ; l'un émane de la volonté libre et spontanée de l'auteur, l'autre est le résultat d'une sentence judiciaire qui force l'auteur à reconnaître sa qualité malgré lui.

Nous allons en traiter séparément.

Section Irᵉ. — *De la reconnaissance.*

Le premier moyen de constater la filiation des enfants naturels, est ce que l'on appelle la reconnaissance, reconnaissance volontaire. La reconnaissance peut être définie: l'aveu que fait spontanément, dans la forme voulue par la loi, un homme ou une femme, que tel individu est né de ses œuvres. Nous allons voir plus bas quelles sont ces formes ; mais quelles qu'elles soient, elles ne constituent jamais qu'un acte purement personnel à celui de qui il émane ; il n'appartient pas plus à un homme

qui reconnaît un enfant de lui attribuer pour mère telle
femme, qu'il n'est au pouvoir d'une femme d'attribuer
à tel ou tel homme la paternité de l'enfant qu'elle a reconnu (Arg., art. 336).

Il n'y a pas, quant à ce, à distinguer entre l'homme
et la femme; ils sont mis absolument sur la même
ligne. Il est bon de noter ce point, car nous verrons que,
pour le second moyen, il est loin d'en être de même.

§ Ier.

Ses formes.

La reconnaissance d'un enfant naturel peut être faite
dans son acte de naissance, et c'est même là qu'elle est
le plus naturellement faite. Si elle n'est pas faite
dans l'acte de naissance, elle peut être faite dans
tout autre acte, pourvu qu'il soit authentique (art. 334,
Cod. Nap.) Ainsi, elle peut être reçue par l'officier de
l'état civil, par un notaire, par un juge de paix dans
un procès-verbal de conciliation, par un huissier dans
un procès-verbal; les français qui se trouvent en pays
étrangers, peuvent faire une reconnaissance valable
pourvu qu'elle soit reçue par les officiers destinés à
donner, dans ces pays, caractère authentique aux actes;
quant aux militaires absents du territoire français, ils
peuvent employer les formes spéciales organisées par les
art. 88 et suivants du Cod. Nap.; les personnes qui vou-
draient reconnaître un enfant pendant un voyage sur
mer, peuvent employer les formes établies par les art. 59

et suivants du Cod. Nap. La reconnaissance peut également résulter d'un aveu fait en justice.

Mais dès qu'il y a un acte authentique, la reconnaissance est valablement faite sans qu'il soit nécessaire que l'acte soit dressé spécialement pour la recevoir ; elle peut parfaitement n'y être faite que d'une manière incidente ; c'est ainsi qu'elle peut être faite dans l'acte dressé pour contenir les conventions matrimoniales de l'enfant ; dans un testament, par acte public ; il n'est même pas nécessaire que la reconnaissance soit faite d'une manière formelle ; elle résulterait suffisamment de ce que l'auteur aurait, par exemple, assisté à l'acte de mariage de l'enfant dans lequel on le qualifierait tel, qu'il aurait donné son consentement au mariage ; de tout quoi l'officier de l'état civil aurait dressé procès-verbal.

Mais il faut absolument un acte authentique ; les exigences de la loi sur ce point sont rigoureuses, et il nous semble impossible d'admettre que jamais un acte sous seing-privé, un testament olographe par exemple, ou un testament mystique, puisse contenir une reconnaissance valable. Il nous semble que l'acte authentique qui contient une reconnaissance, ne peut pas être délivré en brevet.

Observons, au surplus, que quand la reconnaissance n'est pas faite dans l'acte de naissance lui-même, elle doit être transcrite en marge de l'acte de naissance, si toutefois il en existe un (62 et 49, Cod. Nap.)

§ II.

Au profit de qui la reconnaissance peut-elle avoir lieu?

La reconnaissance peut avoir lieu dès que l'enfant est conçu, sans qu'il soit besoin d'attendre sa naissance. C'est le cas d'appliquer la maxime *infans conceptus pro nato habetur quoties ejus commodis agitur*; car, certes, la reconnaissance est favorable au point de vue de la loi. Et cette reconnaissance serait tellement valable, qu'elle aurait pour effet d'obliger le père à faire la déclaration prescrite par l'art. 56, à l'officier de l'état civil, dans les trois jours de la naissance, et cela à peine d'être frappé par l'art. 346, Cod. Pén.

La reconnaissance peut avoir lieu pendant toute la vie de l'enfant et même après sa mort, s'il a laissé des descendants légitimes, pour leur conférer le bénéfice de la parenté. Mais pourrait-elle avoir lieu au profit de l'enfant mort sans postérité? Certains auteurs et la jurisprudence distinguent, quant à ce, entre le père et la mère; ils accordent à la mère le droit de faire cette reconnaissance, mais ils le refusent au père, parce que, disent-ils, la mère pourra, à l'appui de sa reconnaissance, administrer une preuve facile et claire, ce que le père ne pourra pas faire. Cette distinction ne nous paraît pas rationnelle; le point de la difficulté n'est pas de savoir si on pourra appuyer la reconnaissance d'une preuve facile ou non; d'après la loi, la reconnaissance est un fait qui existe complétement par lui seul, sans qu'il soit besoin de le soutenir par rien ; seulement quand elle est faite, elle peut être contestée par toute personne intéressée, et cette contestation sera un procès dans lequel ce n'est pas l'auteur qui aura à justifier de la vérité de la reconnaissance, mais au contraire, son adversaire qui aura à en prouver la fausseté. Et cela aura lieu tout aussi bien pour la reconnaissance faite après la mort de l'enfant, si elle est possible, que pour la reconnaissance faite pendant la vie. Mais ce qu'il faut savoir, c'est si une reconnaissance peut être faite quand le seul motif qui la dicte est l'intérêt exclusif de celui qui la fait, ce qui aurait lieu dans notre hypothèse. La question ainsi posée ne nous paraît susceptible d'être résolue affirmativement, ni pour la mère, ni pour le père. La loi, en organisant pour le père et la mère un moyen si facile de créer le lien qui les rattache à leur enfant, a entendu très certainement agir dans l'intérêt de l'enfant, pour lui assurer un bénéfice qui coûterait si peu à l'auteur ; la loi a voulu, de cette manière, qu'aucune difficulté ne vint arrêter le père qui veut réparer sa faute. Mais quand cet auteur a laissé mourir son enfant sans daigner le reconnaître, la loi n'a pas pu lui donner un moyen si facile de venir se procurer les avantages de ce titre de père dont il a si longtemps méconnu les devoirs.

§ III.

Par qui la reconnaissance peut être faite?

La reconnaissance peut être valablement faite par

toute personne, pourvu qu'elle soit pubère et non interdite : ainsi, un mineur, sans l'assistance de son tuteur;
une femme mariée, sans l'autorisation de son mari; un
prodigue, sans le concours de son conseil, peuvent reconnaître leur enfant. Et bien entendu, ce que l'auteur
peut faire lui-même, il peut le faire par un fondé de
pouvoir spécial; mais nous pensons qu'il faudrait un
pouvoir authentique (Arg. 334). Et il n'y a pas, quant
à ce, à distinguer entre le père et la mère. La reconnaissance est un acte qui, pour l'un comme pour l'autre,
doit être libre et spontané, et émaner de la volonté seule
de l'auteur; personne n'a mission de la faire pour lui
sans sa volonté. Nous insistons sur ce point, parce que,
selon nous, il donne la clé d'une question très-grave, c'est
celle de savoir si l'officier de l'état civil peut exiger que
celui qui vient déclarer une naissance donne le nom du
père, ou tout au moins celui de la mère. Sur ce point
nous nous prononçons franchement pour la négative; il
est vrai que la loi permet la recherche de la maternité;
mais à qui la permet-elle? à l'enfant et à l'enfant seul.
Nous démontrerons plus bas que aucune personne ne
peut établir contre un enfant sa filiation naturelle; personne donc ne peut revendiquer le droit d'établir à un
enfant sa filiation, pas même l'officier de l'état civil. Du
reste, quelle serait la portée de la déclaration faite par
le témoin? sera-ce une preuve? non. Un commencement
de preuve par écrit? pas toujours. Il est vrai que cela
aura un grand avantage pratique, c'est de donner plus
tard à l'enfant les premiers indices pour rechercher sa
mère. Mais qu'importe, cela ne change rien au droit;

cela ne fait pas qu'il y ait dans la loi un article qui impose
à qui que ce soit l'obligation de déclarer la mère. Et, du
reste, avec un tel principe où ira-t-on? s'il faut déclarer
la mère, il faudra la déclarer toujours, même dans le cas
où cette mère serait une femme mariée ; c'est-à-dire
quand la loi défend de reconnaître et de rechercher la
maternité !

Il résulte de ce que nous avons dit ci-dessus, qu'une
personne mariée peut reconnaître un enfant naturel
simple, c'est-à-dire un enfant qu'elle aurait eu avant
d'être mariée. Ce point est vrai comme principe, mais il
faut immédiatement placer à côté un autre principe qui
le détruit d'une manière à peu près complète ; ce principe est contenu dans l'article 337, Cod. Nap.; nous
allons l'étudier.

Pour qu'une reconnaissance puisse produire tous les
effets que nous déterminerons plus tard, il faut que
l'auteur duquel elle émane soit libre de toute union ;
l'homme ou la femme qui reconnaît, pendant son mariage, un enfant qu'il a eu d'un autre que son conjoint,
avant son mariage, fait un acte qui ne produit aucun effet
vis-à-vis du conjoint ou des enfants issus du mariage,
c'est-à-dire que l'enfant naturel ainsi reconnu ne peut
invoquer les droits pécuniaires attachés à sa qualité, ni
contre le conjoint, ni contre les enfants ; ainsi, tant qu'il
existera un enfant issu du mariage, le bâtard ne pourra
rien demander dans la succession de son auteur ; si celui-ci meurt sans enfants et sans parents, le conjoint pas-
sera avant le bâtard; nous croyons cependant que l'enfant aurait, dans ce cas, le droit de demander à son

auteur un secours alimentaire. Disons-le pour ne plus
y revenir, l'enfant naturel a droit à des aliments, puisque celui qui est incestueux peut en demander; et s'il
peut en exiger, il doit en fournir (Anal, 207). Or, l'enfant reconnu dans le cas de notre article est dans une
position au moins aussi favorable que l'enfant incestueux.

Remarquons bien la portée de l'art. 337; l'enfant naturel reconnu dans le cas prévu par cet article, ne peut
pas nuire aux droits du conjoint; mais à quels droits? à
ceux qu'il tient d'une manière générale de son titre de
conjoint, tel est le droit successif dont nous avons parlé
plus haut, ni au droits que le conjoint tiendrait d'une
manière spéciale de son contrat de mariage, tels qu'un
avantage particulier. Mais pour les droits que le conjoint
pourrait tirer de toute autre source, l'enfant naturel
pourrait parfaitement les méconnaître, c'est-à-dire exercer ses droits personnels en nuisant à ces droits.

Mais si nous sortons du domaine des intérêts pécuniaires pour en venir aux effets moraux de la reconnaissance, nous pensons qu'elle les produira tous et
tout aussi bien que si elle eût été faite dans une autre
condition. C'est ainsi que cet enfant prendra le nom de
son père; il aura sa nationalité; il sera soumis à sa puissance.

Du reste, l'article 337 n'apporte à la reconnaissance
qu'un obstacle temporaire; une fois devenue veuve, la
personne qui a eu un enfant dans ces conditions, peut le
reconnaître avec la certitude de voir la reconnaissance
produire ses effets envers et contre tous. Il va sans dire,

d'ailleurs, que cela ne peut avoir lieu qu'à la condition que la reconnaissance n'aura pas été faite déjà pendant le mariage. Celui qui a fait une reconnaissance incomplète pendant le mariage, ne peut pas après en faire une qui aurait tous ses effets. Le décider ainsi serait renverser l'art. 337 d'un trait de plume.

L'art. 337 ne s'applique qu'à la reconnaissance faite par l'un des époux d'un enfant qu'il aurait eu d'un autre que son conjoint. Si l'enfant était reconnu par l'un quand il est déjà établi d'une manière légale qu'il est aussi de l'autre, les deux reconnaissances produiraient leur plein et entier effet.

§ IV.

Force probante de la reconnaissance.

Comme nous avons eu déjà occasion de le dire incidemment, la reconnaissance est à elle seule un fait complet qui n'a besoin de se soutenir sur rien. Elle prouve le fait de paternité et de maternité vis-à-vis de tout le monde; seulement, à raison même de la facilité de ce moyen et des abus auxquels il pourrait donner lieu, la loi devait offrir à toute personne la faculté de déjouer les intrigues. De graves intérêts pécuniaires et moraux se rattachent à ces questions de paternité et de maternité; il fallait mettre ces intérêts à l'abri des entreprises de l'imposture. C'est ce qu'a fait l'art. 339 en proclamant que la reconnaissance faite par un individu peut être attaquée par tous ceux qui y auront intérêt. Et puisque la loi ne dit pas quelle sorte d'intérêt il faut y avoir, nous sommes fondé à dire que l'intérêt moral comme l'intérêt pécuniaire donne le droit d'attaquer la reconnaissance. Et pourquoi, en effet, ne permettrait-on pas à la jeune fille qu'un moment d'erreur a rendue mère, pourquoi ne lui permettrait-on pas d'attaquer la reconnaissance que viendrait faire de son enfant un homme perdu d'honneur qui voudrait se donner le faux amour-propre d'avoir joui des faveurs de cette infortunée! Il y a là un intérêt pour le moins aussi puissant que celui qui permettrait à des enfants légitimes, par exemple, de contester la reconnaissance que leur père aurait faite d'un bâtard, pour ne pas être privés de la faible part que celui-ci viendrait leur enlever dans la succession paternelle. Nous pensons seulement que lorsque l'action se fonde sur un intérêt purement moral elle est imprescriptible et exclusivement personnelle à celui sur la tête du quel repose l'intérêt. Lorsque, au contraire, l'action se fondera sur un intérêt pécuniaire, elle sera prescriptible et pourra être exercée par les créanciers conformément à l'art. 1166.

Mais si toute personne intéressée peut attaquer la reconnaissance une fois faite, c'est donc bien, comme nous l'avons dit, que la reconnaissance existe vis-à-vis de tout le monde; ce n'est donc pas à celui qui l'a faite à en démontrer la sincérité, mais à celui qui veut la détruire à en prouver l'inanité.

La reconnaissance peut être attaquée par toute personne ayant intérêt à le faire, et elle peut être attaquée sous tous les rapports, c'est-à-dire sous le rapport du fond comme sous le rapport de la forme. Ainsi, on peut soutenir qu'elle est le résultat de l'erreur ou d'une intention frauduleuse, etc...., Qu'elle n'est pas valablement faite, etc....,

On pourra démontrer les faits sur lesquels on s'appuie pour faire annuler la reconnaissance par toute sorte de moyens : preuve littérale, testimoniale, etc..., Les juges pourront même se décider par de simples présomptions.

Quant à l'auteur lui-même de la reconnaissance, il serait fondé à en demander la nullité en s'appuyant sur un prétendu vice de forme, sur un dol, une violence, une erreur dont il aurait été victime. Mais si, sans invoquer un de ces moyens, il demandait la nullité de la reconnaissance comme ayant été faussement faite par lui, nous pensons qu'il devrait être repoussé par la maxime, *memo auditur propriam turpitudinem invocans.*

Qant à ses héritiers, ils sont compris dans la catégorie des personnes intéressées qui peuvent attaquer la reconnaissance par toute sorte de causes.

Voilà pour ce qui est de la reconnaissance, acte purement libre de la part de celui de qui elle émane. Mais si l'auteur ne prend pas l'initiative, qu'en sera-t-il? L'enfant restera-t-il à jamais isolé ici-bas ou bien aura-t-il un moyen de forcer son auteur à reconnaître sa qualité? La réponse à cette question nous amène à présenter la théorie de la recherche judiciaire de la paternité et de la maternité.

SECTION IIe. *Recherche judiciaire de la paternité et de la maternité.*

Quant à ce second moyen de constater la filiation, il y a une distinction à faire entre le père et la mère, car les règles sont bien différentes pour l'un et pour l'autre.

Quant au père, l'art. 340 etablit en principe que l'on ne peut pas le forcer à reconnaître sa qualité au moyen d'une action intentée en justice. La raison de ce principe est facile à comprendre ; la loi s'arrête ici devant une impossibilité qu'elle a trouvée écrite dans la nature des choses et qu'elle a cru devoir sanctionner par un texte formel, afin d'éviter tous les abus et les scandales auxquels avait donné lieu autrefois la règle contraire.

Ce qui prouve que la pensée de la loi est bien telle que nous le disons, c'est que, dans le cas où elle peut espérer de dévoiler le mystère de la conception avec quelque chance de certitude, elle permet parfaitement la recherche de la paternité ; c'est ce que proclame l'art. 340 dans son § 2. « *Dans le cas d'enlèvement, lorsque l'époque de cet enlèvement se rapportera à celle de la conception, le ravisseur pourra être, sur la demande des parties intéressées, déclaré père de l'enfant.* » On admet généralement et avec raison, selon nous, que le cas de viol doit être assimilé au cas d'enlèvement. Quand donc la conception se rapportera à l'enlèvement ou au viol, le ravisseur pourra être déclaré père de l'enfant qu'aura mis au monde la victime du viol ou de l'enlèvement.

Mais comment déterminer cette coïncidence ? Ce ne peut être que par le secours d'un homme de l'art qui serait appelé à donner son avis sur le cas en question. Les présomptions des articles 312 et suivants ne peuvent pas s'appliquer ici.

Remarquons bien, du reste, que cette coïncidence ne fait pas preuve de la paternité; elle établit seulement une telle présomption que la loi a dû se départir de sa règle inflexible et permettre la recherche de la paternité, c'est-à-dire permettre de compléter la présomption à l'aide de preuves propres à établir le fait de paternité.

Quant à la mère, la loi établit une règle différente ; elle permet toujours de la rechercher et de la forcer à reconnaître sa qualité en justice (art. 341); et cette règle se comprend encore, car la maternité se manifeste au dehors par des phénomènes assez peu équivoques et assez faciles à constater.

Celui qui veut établir qu'il est le fils de telle femme a à faire une preuve complexe, à savoir : que cette femme s'est accouchée à telle ou telle époque et qu'il est bien l'enfant dont elle est accouchée (341).

Mais on comprend que, si à cause de la facilité qu'il y a à constater la maternité, la loi a dû en permettre la recherche, elle a du aussi prendre des mesures pour que l'intrigue ne vînt pas à l'aide d'un échaffaudage de témoins habilement rassemblés se donner pour mère telle ou telle femme. Pour éviter cela, elle n'a pas permis que l'on vînt *de plano* prouver que l'on a pour mère naturelle telle femme. Elle a exigé que cette pré-tention eût déjà un certain air de vraisemblance en se fondant sur un commencement de preuve par écrit. Ce commencement de preuve ne peut porter que sur l'accouchement, car. comment avoir une preuve écrite de l'identité?

Ce commencement de preuve par écrit est tout acte émané d'une personne engagée dans la contestation ou qui aurait intérêt à y être engagée (324).

Cette définition rigoureusement appliquée donnera la clé de toutes les difficultés que l'on pourrait soulever en cette matière. Veut-on savoir si l'acte de naissance d'un enfant naturel peut lui servir de commencement de preuve par écrit, nous répondrons: si la déclaration émane d'une personne qui aurait intérêt à la contestation, oui, ce sera un commencement de preuve par écrit; sinon, il n'aura pas cette force.

§ I.

Qui peut intenter l'action et quand le peut-on?

Il nous faut voir maintenant à quel moment et par qui la paternité peut être recherchée (quand cela est permis) et de même de la maternité?

D'abord, qu'en est-il avant la naissance de l'enfant?

Peut-on demander à prouver que tel homme est le père de l'enfant, que telle femme porte dans son sein (en se plaçant bien entendu dans le cas où la recherche de la paternité est permise)? Nous croyons qu'on le peut. Pourquoi exigerait-on qu'un laps de temps s'écoutât qui n'aurait pas d'autre effet que de rendre la preuve plus difficile? La médecine pourra, avec non moins de certitude qu'au moment de l'accouchement, préciser le moment de la conception et voir s'il coïncide avec celui de l'enlèvement ou du viol.

Mais un point assez délicat est de savoir qui pourra intenter cette action? Nous pensons tout d'abord que la mère pourra l'intenter elle même ou quelqu'un autre de son aveu. Mais le pourrait-on sans cet aveu? Nous ne le croyons pas; celui qui voudrait faire une pareille preuve devrait avant tout établir que la prétendue mère est réellement enceinte; or, un pareil point ne saurait être établi sans le consentement de la femme; aucun texte n'autorise à faire une pareille preuve sans son consentement.

Ceci résout la question par rapport à la mère; on ne peut pas rechercher une maternité avant la naisssance de l'enfant; ce serait souvent déshonorer une femme dans l'intérêt tout à fait problématique d'un être qui, peut-être, n'arrivera jamais à l'état de créature humaine.

Mais une fois que l'enfant est né vivant et viable, il n'y a plus de raison pour refuser l'action. Il y a ici un être ayant une existence certaine, présentant un intérêt certain aussi et respectable, au nom duquel on peut parfaitement agir. Tant que cet enfant sera mineur, l'action sera dirigée en son nom par un tuteur nommé comme nous le verrons plus bas. Une fois devenu majeur, il la formera lui-même.

L'enfant naturel peut rechercher son père (quand cela lui est permis), ou sa mère pendant toute la vie de ceux-ci ; peu importe qu'ils soient encore libres ou qu'ils soient engagés dans les liens du mariage.

Ce point n'est pas contesté et paraît incontestable. Mais ce qui ne l'est pas c'est de savoir si la constatation de la paternité faite pendant le mariage de l'auteur aura son plein et entier effet ou si elle tombera sous l'application de l'article 337 du Code Napoléon qui restreint, comme nous l'avons vu, en pareil cas les effets de la reconnaissance volontaire. Nous croyons qu'elle aura son plein et entier effet. Le motif de suspicion qui a dicté l'art. 337 ne se rencontre plus ici; on ne peut pas non plus dire qu'il y a ici violation de la *foi sous laquelle le mariage a été contracté* (discours de M. Bigot de Préameneu). Du reste, le texte et la place de cet article prouvent qu'il ne se rapporte qu'à la reconnaissance ; or, *exceptiones sunt strictissimæ interpretationis.* C'est là la seule différence qu'il y ait à signaler entre la reconnaissance et la constatation judiciaire de paternité, qui ont, quant au surplus, les mêmes effets.

L'enfant pourrait agir encore après la mort de son auteur en dirigeant son action contre ses représentants.

Quand l'enfant est mort, l'action en recherche de filiation qui, entre ses mains, était imprescriptible (528), ne peut être intentée par ses héritiers, s'il n'a pas réclamé lui-même, qu'autant qu'il est décédé mineur ou dans les cinq années après sa majorité (329). Si l'enfant meurt après avoir intenté l'action et avant qu'il y ait été statué, ses héritiers ne pourront suivre l'action que s'il ne s'en est pas désisté, ou s'il n'a pas laissé passer trois ans sans agir depuis le dernier acte de procédure (330).

L'action de l'enfant naturel contre son auteur est de la compétence exclusive du tribunal civil (326) et elle tiendrait en suspens la question criminelle qui pourrait s'y rattacher (327).

Une action judiciaire en réclamation de filiation peut être contredite par toute personne qui a intérêt à la méconnaître (339).

Du reste, la sentence intervenue sur une pareille question est comme toutes les sentences émanant de l'autorité judiciaire, elle n'a pas d'autorité en dehors des personnes qui ont été parties au jugement soit par elles-mêmes, soit par ceux qui les représentaient légalement. En dehors de ce cercle elle ne peut être invoquée ni pour ni contre l'enfant ou le père.

Nous venons de voir comment un enfant peut dans certains cas rechercher son père, comment il peut toujours rechercher sa mère. Il nous faut, pour être complet, examiner une question qui est le parallèle de celle-là, à savoir si un tiers peut être admis à prouver contre une personne qu'elle est l'enfant naturel de tel ou tel, à l'effet, par exemple, de la faire tomber sous l'article 908 et la priver de libéralités que cette personne lui aurait faites? Cette question divise les auteurs; selon nous elle doit se résoudre par la négative. Aucun article du Code Napoléon ne parle d'une action dirigée contre l'enfant naturel. Tous au contraire supposent que l'action est dirigée par l'enfant lui-même. Du reste, l'esprit de la loi vient à l'appui de cette solution. La loi frappe l'enfant par le côté moral; peu lui importe le côté pécuniaire; elle permet que l'on donne toute sa fortune au bâtard en le condamnant à demeurer étranger à ses auteurs.

§ II.

De la possession d'état en matière de filiation naturelle.

Nous venons d'examiner deux moyens offerts par la loi pour constater la filiation des enfants naturels, ce sont la reconnaissance volontaire et la recherche judiciaire permise exceptionnellement contre le père et d'une manière générale contre la mère.

Nous avons à nous demander à présent si ce sont là les seuls moyens autorisés et sanctionnés par la loi ou si, au contraire, elle en a admis d'autres ; nous voulons faire allusion à la preuve tirée de ce qu'on appelle la possession d'état, c'est-à-dire le fait de la part de l'enfant naturel d'avoir porté le nom de son père, d'avoir été traité par lui comme son fils et d'avoir passé pour tel dans le monde.

Sur ce point trois systèmes ont partagé les auteurs et la jurisprudence: deux systèmes extrêmes dont l'un consiste à refuser tout effet à la possession d'état vis-à-vis du père et vis-à-vis de la mère; l'autre, à l'admettre vis-à-vis du père comme vis-à-vis de la mère, et un troisième système mixte qui lui reconnaît effet à l'égard de la mère et non à l'égard du père.

Tout d'abord nous rejetterons ce troisième système; la loi a consacré ici la possession d'état ou elle ne l'a pas consacrée ; il n'y a pas de moyen-terme, pas de distinction, en l'absence d'un texte positif qui la fasse. On peut, avec quelque apparence de raison, soutenir que la loi a ici, comme pour les enfants légitimes, admis la possession d'état; que, si elle n'en a pas parlé d'une manière spéciale, c'est qu'elle n'a parlé que de ce en quoi elle a voulu déroger aux règles concernant les enfants légitimes; comme on peut aussi induire de son silence qu'elle repousse ce moyen. Mais dans l'un et l'autre cas c'est tout ou rien; il n'y a pas à distinguer entre le père et la mère. Nous le répétons, une pareille distinction ne peut exister que là où un texte positif la fait.

Il reste donc à opter entre les deux systèmes extrêmes; la question ainsi posée n'est pas sans difficulté; cependant, nous inclinons vers le système qui repousse tout à fait le moyen de preuve tiré de la possession d'état. D'abord, cette opinion s'appuie sur le silence de la loi; la loi qui consacre un titre pour indiquer les preuves de la filiation, ne dit pas un mot de la possession d'état. Nous avouons que, malgré ce qu'une possession d'état peut avoir de significatif, nous sommes peu porté à l'admettre comme preuve, quand ce n'est, au pis-aller, qu'un aveu, c'est-à-dire une reconnaissance et que la loi proclame que la reconnaissance ne peut être faite que dans un acte authentique. L'aveu le plus formel, le plus incontestable ne signifie rien s'il n'est pas fait en cette forme. La possession d'état ne rendrait pas l'enfant naturel non recevable à contester la reconnaissance faite à son profit. L'art. 339 nous paraît repousser l'application de l'art. 322 à notre matière.

Il existe pourtant un cas où, selon nous, un enfant

9.

naturel pourra, d'une manière indirecte, il est vrai, prouver par témoins sa filiation, cas qu'il est bon de noter pour
éviter une erreur à laquelle il a donné lieu, à notre avis
du moins. Nous voulons parler du cas prévu par l'art.
46 du C. Nap. qui permet la preuve testimoniale des
naissances, mariages et décès, quand ils se rapportent à
une époque où les registres de l'état civil n'ont pas été
tenus ou dont les registres ont été perdus.

On pose généralement sur cet article une question
qui, selon nous, n'y est pas à sa place, formulée du moins
comme elle l'est. On se demande, en effet si, dans l'un de
ces cas prévus par cet article, l'enfant naturel peut être
admis à prouver par témoins sa *filiation*, et là-dessus
grande controverse.

Mais ne se bat-on pas un peu dans le vide? L'art. 46
ne prévoit pas des questions de filiation; la solution de
la question posée doit se trouver non dans cet article,
mais dans les art. 334 à 342, si on veut en faire une
question de filiation. Or, que voyons-nous dans ces articles? Que l'enfant naturel ne peut être admis à rechercher sa mère, au moyen de la preuve testimoniale, que
quand il a un commencement de preuve par écrit; que
l'enfant peut prouver la paternité de son père quand
celui-ci a ravi sa mère; en dehors de ces cas pas de
preuve testimoniale admissible, et l'on ne peut faire rentrer dans ces cas la perte ou la non-tenue des registres.
La question ainsi posée d'une manière générale est donc
susceptible de la négative et de la négative seule.

Mais si nous changeons la manière de poser la question, nous allons arriver à une solution inverse. Selon

nous, en effet, il faut se poser la question de la manière suivante : dans le cas où les registres ont été perdus (nous n'ajoutons pas ou non-tenus), un enfant naturel peut-il être admis à prouver, par les papiers émanés des père et mère ou par témoins, qu'il existait à son profit une reconnaissance faite sur ces registres par telle personne déterminée? De cette façon, il nous semble impossible de discuter la solution. L'article 46 a pour but de donner un moyen de suppléer à la perte des registres de l'état civil, de prouver par témoins ce que l'on eût prouvé par les registres s'ils n'eussent point été perdus. Cela doit s'appliquer aux actes de reconnaissance comme à tous autres; si la loi ne parle pas des actes de reconnaissance, c'est qu'à ce moment on ne savait pas où ces actes seraient inscrits.

Quoi qu'il en soit, ceci ne fait pas un nouveau moyen de prouver la filiation ; c'est le cas d'une reconnaissance purement et simplement.

Nous avons vu comment un enfant naturel peut arriver à se rattacher à son auteur. Nous allons maintenant supposer ce lien établi par l'un des moyens que nous avons indiqués, et nous demander quel effet il produira, soit vis-à-vis de l'auteur, soit vis-à-vis de la famille. Voyons tout d'abord ce dernier cas, ce sera le plus court; le reste viendra après, et sera le développement complet de notre dissertation.

CHAPITRE II.

L'ENFANT NATUREL VIS-A-VIS DE LA FAMILLE.

La position de l'enfant naturel légalement connu, à l'égard de la famille de son auteur, est très simple à formuler; il est pour cette famille complétement étranger; il n'y a de lui à elle et d'elle à lui aucune sorte de lien légal ; tel est le principe. Mais ce principe, il faut l'entendre d'une manière rationnelle. Il ne faudrait pas dire que les parents de l'auteur pourront tenir le fait de la filiation pour complétement inexistant toujours. Nous avons vu plus haut quand et comment la filiation se trouvera constatée vis-à-vis de la famille ; lorsque cela sera, les membres de la famille devront accepter cet enfant comme fils naturel de leur parent ; c'est ainsi, comme nous le verrons plus bas, qu'ils seront obligés de l'admettre en concours avec eux dans la succession de son auteur (art. 757). En d'autres termes, les droits qu'il a contre son auteur, l'enfant naturel les exerce vis-à-vis de tous ceux à qui sa qualité est opposable ; mais il n'a de droits que vis-à-vis de son auteur ; le lien qui l'unit à cet auteur s'arrête là et ne remonte pas plus haut.

Ceci trahit une des préoccupations sous lesquelles se trouvait notre législateur, quand il a écrit les dispositions relatives aux enfants naturels ; chargé de défendre la société contre les atteintes qu'elle reçoit de ces unions illégitimes toujours trop fréquentes, le législateur a cru devoir arrêter l'homme au début de ces unions, en lui faisant entrevoir que l'être auquel il pourrait donner le jour, serait tenu hors de la famille ; que cet enfant, il serait en quelque sorte obligé de le cacher, et elle a espéré que cela pourrait être un avertissement utile. Elle a pensé que le trait qui tomberait sur l'enfant aurait un effet salutaire en allant frapper le cœur du père ; voilà le motif de cette législation qui paraît si étrange au premier aspect.

Cependant, quelque désir qu'eût la loi de tenir l'enfant naturel hors de la famille, de le regarder auprès d'elle comme un étranger, il est un point où elle ne pouvait manquer de se départir de ses rigueurs, car elle ne pouvait plus mentir à la nature sans devenir immorale ; nous voulons parler de ce qui concerne les empêchements au mariage. La loi pouvait-elle pousser la rigueur de ses principes jusques à dire que l'enfant naturel pourrait épouser, par exemple, la fille que son père aurait d'un mariage postérieur ? Tout le monde répond non en approuvant les dispositions de l'art. 162.

Mais après cette concession faite, la loi reprend immédiatement sa règle rigoureuse ; car, dans l'art. 163, elle permet, en ne le défendant pas, le mariage entre oncle et nièce, entre tante et neveu naturels.

Ici se place une question extrêmement délicate, d'autant plus délicate que d'un côté nous trouvons une solution contre laquelle se soulève la conscience humaine. Il s'agit de savoir si le lien purement naturel peut être un obstacle au mariage ou une cause d'annulation du mariage, quand ce lien, quoique connu par la *vox publica*, ne s'appuie pas sur une preuve légale. On le voit, en morale la question ne peut pas faire doute; car, il répugne à la conscience d'adopter sur ce point une solution négative; et cependant l'affirmative ne peut pas se soutenir par un argument légal; car, en justice, on ne peut obtenir que ce que l'on prouve, et comment celui qui voudra empêcher ou faire annuler un tel mariage pourra-t-il prouver le lien, puisque, comme nous l'avons dit plus haut, personne ne peut prouver contre un enfant sa filiation naturelle? Triste alternative que celle où l'on est de faire une brèche à la loi ou de proclamer une solution que la morale réprouve! Dans cette perplexité, nous aimons mieux nous prononcer en faveur de la négative; il n'est pas en notre pouvoir de refaire la loi, et quelque imparfaite qu'elle soit, les tribunaux, plutôt que de l'éluder, doivent l'appliquer rigoureusement; par ce moyen la pratique en signale bien vite les inconvénients, et le législateur ne peut manquer d'en être informé et de les réparer, s'ils sont par trop graves. Du reste, nous sommes certain que cette imperfection de la loi n'aura pas les fâcheux résultats que l'on pourrait craindre. La conscience même des hommes nous rassure contre la lacune de la loi.

Voilà ce qui en est des relations de l'enfant naturel vis-à-vis de la famille. Voyons maintenant ce qu'il en est vis-à-vis de l'auteur.

CHAPITRE III.

L'ENFANT NATUREL VIS-A-VIS DE SES AUTEURS.

Le premier rapport sous lequel nous ayons à envisager l'enfant naturel, dans ses relations avec son père, nous est indiqué par l'ordre même de la nature. Quand l'enfant vient au monde, il est encore trop faible pour se diriger lui-même; la loi organise à son profit une puissance toute de protection, confiée à son père, qui doit l'accompagner jusqu'à ce qu'il ait atteint l'âge de la force; c'est par l'étude de cette puissance que nous allons commencer, en y rattachant tous les attributs qui en dépendent.

SECTION Ire. — *Théorie de la puissance paternelle.*

La puissance paternelle a deux attributions principales: la première, c'est le droit sur les biens, c'est-à-dire le droit d'administrer les biens que l'enfant peut avoir à lui personnellement, droit auquel se rattache, pour le père, la jouissance légale de ces biens; la seconde, c'est le droit sur la personne de l'enfant, que l'on appelle droit d'éducation. Il faut voir tout d'abord ce qu'il en est de l'application de ces droits à l'enfant naturel; nous verrons ensuite les attributions qui se rattachent accessoirement à la puissance paternelle.

Pour ce qui concerne le droit à l'administration des biens, nous croyons que les auteurs naturels ne l'ont jamais, à titre d'administration paternelle du moins; nous verrons plus bas s'ils peuvent l'avoir à un autre titre (voir Théorie de la Tutelle). La loi qui faisait cesser la puissance paternelle du père légitime à la dissolution du mariage par le divorce (voir art. 389), ne peut pas accorder cette puissance à un père qui est dans une position au moins aussi peu favorable que celle de l'époux divorcé.

Si le père naturel n'a pas l'administration des biens de son enfant, il ne doit pas en avoir l'usufruit qui n'est que la conséquence et la compensation de la première. Du reste, l'absence de ce droit se conclut directement de ce que la loi, en écrivant expressément l'art. 383 pour accorder au père naturel le droit d'éducation, ne dit rien pour le droit d'usufruit. Enfin, des considérations morales que nous n'avons pas besoin de mettre en avant viennent à l'appui de cette décision.

Pour ce qui tient au droit d'éducation, la loi accorde expressément dans l'art. 383 aux père et mère naturels, l'un de ses attributs qui est le droit de correction. Ce droit ne peut pas être contesté; mais le laconisme de la loi donnera lieu à de nombreuses difficultés, quand on viendra aux détails de l'application.

Ainsi, tout d'abord, à qui en appartient l'exercice si l'enfant est reconnu par père et mère? Est-ce concurremment au père et à la mère? L'un d'eux a-t-il la préférence? Nous pensons qu'en principe le père l'exerce seul et la mère à son défaut, c'est-à-dire si le père n'a pas reconnu l'enfant, ou, si l'ayant reconnu, il est mort (arg. art. 148). Nous disons en principe parce que nous croyons que l'autorité judiciaire a plein pouvoir pour déterminer quel est celui du père ou de la mère qui doit l'exercer. Elle peut le retirer au père et le confier à la mère si elle pense que l'intérêt de l'enfant l'exige (arg. anal. 302).

Cela posé, un point qui ne peut pas soulever de difficultés à cause du renvoi que fait l'art. 383 aux art. 376 à 379, c'est que le père peut faire détenir son enfant par voie d'autorité quand il a moins de seize ans; qu'au-dessus de cet âge, il ne peut plus le faire détenir que par voie de réquisition; que tout se passe sans autre écrit que l'ordre d'arrestation; que le père a toujours le droit de grâce. S'il en est ainsi, quand l'enfant a été reconnu à la fois par son père et par sa mère, il en sera de même par a *fortiori* quand l'enfant n'aura été reconnu que par son père ou quand la mère sera morte après l'avoir reconnu.

Mais ici arrivent de nouvelles difficultés et c'est précisément ce renvoi limitatif contenu dans l'art. 383, qui en rend la solution très embarrassante.

Si l'on prend l'art. 383 à la lettre, il faut dire que l'enfant naturel ne doit pas honneur et respect à ses parents (371); qu'il ne reste pas sous leur autorité jusqu'à sa majorité ou son émancipation (372); qu'il n'est pas tenu de résider chez son père (374); que le père marié exerce l'autorité comme celui qui ne l'est pas (380); que la mère mariée ou non, quand elle exerce le droit de correction, l'exerce comme le père (381); enfin,

qu'il n'y a pas lieu de distinguer si l'enfant a des biens
personnels ou s'il n'en a pas (382). Or, parmi ces solutions il en est que l'on ne peut pas se résoudre à admettre;
ainsi, peut-on dire que l'enfant naturel ne devra pas
honneur et respect à ses parents? Peut-on le faire
rester sous leur puissance jusqu'à un âge différent que
celui où l'enfant légitime devient majeur? Évidemment
non. Mais alors, si l'on étend aux enfants naturels les
art. 371, 372, il n'y a pas de raison pour ne pas leur
appliquer tous les autres; par exemple, pourquoi ne
dira-t-on pas que le père naturel marié ne pourra jamais
faire détenir son enfant que par voie de réquisition
(380)? Est-ce que par hasard la marâtre sera moins à
craindre pour son enfant naturel que pour son enfant
légitime? Ainsi, on le voit, de deux choses l'une: ou
l'art. 383 est limitatif, et alors on arrive à des solutions
que le bon sens rejette, ou cet art. n'est qu'énonciatif,
et alors, il faut, quant à ce, mettre les père et mère naturels sur la même ligne que les père et mère légitimes.

C'est à cette dernière solution que nous nous ar-
rêterons. Le législateur, en indiquant par son renvoi
que les principaux effets du droit de correction étaient
applicables aux enfants naturels, a voulu dire que ce
droit leur était totalement applicable. Il faut seulement
faire observer que, pour la mère naturelle, il ne peut pas
être question de se faire aider par deux parents paternels
de l'enfant; ce sera par deux membres d'un conseil de
famille; que le mariage du père ou de la mère aura ici
l'effet du second mariage du père ou de la mère légitime;
enfin, que la préférence entre le père et la mère, quant

à l'exercice du droit, est ici jugée d'une manière souveraine par l'autorité judiciaire.

Voilà pour le droit de correction; qu'en sera-t-il du
droit d'éducation d'une manière générale? Ce droit
appartient évidemment aux père et mère naturels; Là
où est le droit de correction, là est forcément aussi le
droit d'éducation. Et quant à la préférence entre le père
et la mère nous la réglerons comme plus haut.

Du reste, si l'éducation de l'enfant constitue, suivant
les distinctions ci-dessus, un droit pour ses père et
mère naturels, c'est aussi pour eux une obligation; ils
lui doivent la vie morale comme la vie physique.

Voyons maintenant les autres effets que la loi attribue d'une manière accessoire à la puissance paternelle.
Pour quelques-uns de ces effets, nous aurons des textes
formels qui les résolvent; pour d'autres, nous ne pourrons les résoudre qu'à l'aide d'arguments d'analogie
ou *a contrario*.

Ainsi, un premier effet qui ne peut donner lieu à
difficulté, c'est le droit des père et mère sur leur enfant
naturel quant au mariage. L'art. 148 leur accorde absolument les mêmes droits qu'aux père et mère légitimes. D'où les conséquences suivantes :

Le fils avant 25 ans, la fille avant 21 ans, ne peut contracter mariage sans le consentement de ses père et
mère. En cas de dissentement le consentement du père
suffit (158); si l'un des deux est mort ou dans l'imposi-
bilité de manifester sa volonté, le consentement de l'autre suffit (149). Il faut ici noter une disposition toute
spéciale à l'enfant naturel, c'est qu'en cas de mort ou

d'empêchement de ses deux auteurs, il devient, quant au mariage, complétement libre à l'âge de 21 ans, quel que soit son sexe. Avant cet âge, il ne peut se marier qu'avec le consentement d'un tuteur *ad hoc* nommé par un conseil de famille, composé de personnes connues pour avoir eu des relations d'amitié avec l'auteur défunt. Le fils, après 25 ans, la fille, après 21 ans, ne peut se marier sans avoir demandé conseil à ses père et mère par des actes respectueux notifiés en la forme prévue par l'art. 151. De 25 à 30 ans pour le fils, de 21 à 25 pour la fille, il faudra trois actes respectueux renouvelés de mois en mois et le mariage ne pourra être célébré qu'un mois après le troisième acte (152); enfin, après 30 ans pour le fils, après 25 ans pour la fille, il sera passé outre à la célébration du mariage un mois après un premier acte respectueux (153). Enfin, si le père et la mère à qui eût dû être signifié l'acte respectueux sont absents, il sera passé outre à la célébration du mariage en représentant le jugement qui aurait déclaré l'absence ou celui qui aurait ordonné l'enquête ou, enfin, à défaut, un acte de notoriété dont l'art. 155 prévoit la forme.

Nous rencontrons ici une des applications du principe que nous avons posé plus haut, à savoir que l'enfant naturel est un étranger par rapport aux ascendants de son auteur. Nous voyons, en effet, qu'à défaut de cet auteur, les ascendants ne sont pas appelés à donner leur consentement au mariage.

Un droit qui paraît être le corollaire du droit de consentir au mariage et qui, comme tel, doit appartenir d'abord au père naturel et à son défaut à la mère, est le droit de former opposition au mariage de l'enfant (173). Aucun autre parent ne peut exercer ce droit. Il nous parait, enfin, qu'un tuteur pourrait aussi former cette opposition en se conformant aux art. 174 et 175.

Nous appliquerons aussi aux père et mère naturels les dispositions de la loi qui veulent que l'enfant ne puisse pas être adopté sans le consentement ou le conseil de ses père et mère suivant les cas. La loi met, en effet, la plus parfaite analogie entre l'enfant qui veut se marier et celui qui veut se faire adopter.

Voyons enfin quelques dispositions éparses dans la loi et qui peuvent, jusqu'à un certain point, se rattacher à la puissance paternelle.

L'enfant naturel prend le nom de celui de ses deux auteurs qui l'a reconnu. S'il est reconnu par tous les deux il prend le nom de son père.

L'enfant suit la nationalité de celui des deux auteurs qui l'a reconnu. S'il est reconnu de tous les deux, il suit la nationalité du père. Quand il suivra la nationalité du père ce sera celle qu'avait le père au moment de la conception; quand ce sera celle de la mère, on la prendra dans la période la plus favorable de la gestation ; nous appelons période favorable celle qui en fait un Français.

L'enfant naturel a son domicile chez celui de ses auteurs qui exerce sur lui la puissance paternelle.

La puissance paternelle proprement dite dure sur la tête de l'enfant naturel comme sur celle de l'enfant légitime jusqu'à 21 ans.

S'il est imbécile ou prodigue, son père peut provoquer son interdiction ou sa mise sous la surveillance d'un conseil judiciaire (490); il peut être nommé son tuteur et dans ce cas, il est tenu de conserver la tutelle *in infinitum*; la réciproque est vraie.

Du reste, l'auteur peut faire cesser sa puissance avant la majorité de l'enfant au moyen de l'émancipation expresse (477) ou tacite puisqu'il peut consentir à son mariage.

En étudiant la puissance paternelle du père naturel nous avons décidé que le père n'aurait pas le droit d'administration sur le bien de son enfant. Si pourtant cet enfant a des biens, la loi le laissera-t-elle sans défense? *Quid* si l'enfant a perdu son père? *Quid*, enfin, de l'enfant non reconnu? La réponse à ces questions sera l'exposé de la théorie de la tutelle.

APPENDICE.

THÉORIE DE LA TUTELLE.

La loi garde le silence le plus absolu sur la tutelle des enfants naturels; malgré cette lacune on ne peut pas admettre que les enfants naturels ne soient jamais soumis à la tutelle. Il est d'ordre public que les biens de ceux qui ne peuvent se défendre eux-mêmes, soient administrés et protégés par quelqu'un ; il faut donc décider qu'il doit exister une tutelle au profit des enfants naturels.

Mais comment sera-t-elle organisée ? quand commencera-t-elle ? qui sera tuteur ? y aura-t-il un tuteur légal ? tout autant de questions indécises et difficiles à résoudre. Voici ce que nous admettons.

La tutelle de l'enfant naturel commence à sa naissance ; elle n'existe légalement sur la tête de personne, ni père, ni mère (arg., silence de la loi), ni ascendant, puisque ces derniers sont étrangers à l'enfant ; cette tutelle est toujours dative. Le tuteur est nommé par un conseil de famille composé d'amis des auteurs ; ce conseil peut déférer la tutelle à qui il veut.

Quant au surplus, la tutelle sera organisée absolument comme celle des enfants légitimes ; le tuteur aura les mêmes droits et les mêmes obligations.

Nous avons vu comment un enfant naturel peut légalement se rattacher à son auteur ; nous avons ensuite, en supposant ce lien établi, suivi l'enfant naturel pas à pas depuis sa naissance, en examinant toutes les phases qui peuvent se présenter durant sa vie et celle de son auteur ; nous avons essayé d'établir les droits et les obligations auxquels ces diverses phases peuvent donner lieu. Nous allons supposer à présent que le père ou l'enfant meurt, et voir les droits auxquels cela peut donner lieu au profit soit de l'un, soit de l'autre, c'est-à-dire que nous allons examiner la théorie de la successibilité réciproque entre un enfant naturel et son auteur.

SECTION II°. — *Des droits de l'enfant naturel dans la succession de son auteur.*

Si l'on prenait pour rigoureusement vraies les expressions de l'art. 723 du Cod. Nap., on serait porté à croire que la loi, donnant un libre essor à sa haine contre les enfants naturels, ne les appelle à la succession de leur auteur que quand celui-ci meurt sans aucun parent légitime; s'il en était ainsi, on pourrait regarder cela presque comme une exclusion complète prononcée contre l'enfant naturel, en songeant que la famille légitime est appelée jusques au douzième degré, et que, par conséquent, quand une personne meurt en laissant un héritage d'une certaine importance, il sera bien rare qu'il ne lui surgisse pas quelque parent dans cette limite. Mais heureusement, l'art. 723 ne contient pas l'expression de ce qui est édicté par la loi; le législateur a pensé que quand il avait condamné l'enfant naturel à traîner une existence isolée de tous rapports de famille, il avait assez fait pour la société; après l'avoir exclu de toutes les satisfactions morales qui résultent de la famille, il n'a pas cru devoir encore l'exclure de tous les biens matériels de ce monde, ou du moins, le réduire à n'avoir de ces biens que ceux que son activité pourrait lui procurer; c'eût été l'exposer à n'être pas toujours très scrupuleux sur le choix de la direction à donner à cette activité; c'eût été souvent réduire au désespoir un malheureux dont le crime, en dernière analyse, est d'être né; en voulant ainsi sauver la société du désor-

dre de la corruption des mœurs, on l'eût exposée à des
périls bien grands encore ; car, l'homme qui, dès sa
naissance, apprend à maudire l'humanité en la personne
de son auteur, dont il expie la faute tous les jours, qui,
dans le cours de sa vie, ne rencontre le plus souvent que
des regards de mépris, à cause de la tache indélébile
dont la loi a flétri sa naissance, cet homme risquerait de
devenir pour la société un bien terrible ennemi, si on le
privait encore des quelques biens que son père peut lui
laisser à sa mort.

Nous avons cru devoir insister sur ces quelques considérations, afin de combattre le système qui excluait
d'une manière complète les enfants naturels, système
qui n'a, du reste, pour lui que l'autorité de l'ancien-
neté, et nous croyons justifier ainsi parfaitement les dispositions du Code Napoléon, qui admet le bâtard au
partage en concours avec les héritiers même les plus
favorables, les enfants issus du mariage.

Mais avant de déterminer arithmétiquement la part
attribuée par la loi à l'enfant naturel, il faut indiquer
ici une différence essentielle entre la manière dont les
enfants naturels viennent à la succession, et celle dont
y viennent les enfants et parents légitimes. Cette différence nous est révélée par l'art. 724, Cod. Nap. ; elle se
formule juridiquement par ces expressions : les héritiers
légitimes ont la *saisine*, les enfants naturels ne l'ont
pas ; c'est-à-dire que, à la mort du *de cujus*, tous ses
biens, droits et actions viennent se poser sur la tête de
l'héritier légitime, par le seul fait du décès; celui-ci
peut, sans formalité préalable, s'emparer des biens, en

10.

poursuivre les détenteurs ou débiteurs, peut être pour-
suivi par les créanciers, sauf la formalité prévue par
l'art. 877, Cod. Nap. Dans notre ancien droit, on résu-
mait tous ces effets par ces expressions énergiques : *Le
mort saisit le vif;* on l'exprime aujourd'hui par une
image bien vraie et bien frappante, *l'héritier continue la
personne du défunt.* De là l'obligation pour l'héritier de
payer les dettes, comme le défunt lui-même, c'est-à-
dire *in infinitum,* sauf le bénéfice d'inventaire.

Ces effets sont loin de se réaliser pour l'enfant naturel.
Il a bien, à la mort de son auteur, une certaine investi-
ture du patrimoine de celui-ci, en ce sens que, s'il vient
à mourir lui-même avant d'avoir recueilli ces biens, il
les transmet à ses propres successeurs ; mais il en est
investi en quelque sorte d'une manière tout à fait abs-
traite ; son droit ne peut se manifester par aucun acte
extérieur avant qu'il ait obtenu ce que l'on appelle l'envoi en possession. Mais, même après cet envoi, il n'est
pas assimilé à l'enfant légitime ; il ne devient jamais le
continuateur de la personne du défunt ; il n'est donc jamais tenu des dettes *in infinitum;* s'il est tenu de les
payer, c'est parce qu'il détient les biens et qu'il est de
principe que le passif d'un patrimoine est toujours à la
charge de son actif, *bona non intelliguntur nisi deducto
œre alieno,* ce qui veut dire qu'une fois l'actif épuisé,
on n'a plus rien à lui demander.

Il faut, du reste, faire ici une remarque essentielle,
c'est que l'enfant naturel a, dans la succession de son
auteur, un véritable droit de propriété et non pas un
droit de créance, comme certains l'ont cru et le soutien-

nent. De là des conséquences importantes, c'est qu'il peut provoquer le partage comme tout autre copropriétaire ; il peut revendiquer les biens de la succession entre les mains des tiers détenteurs, etc.

Enfin, lorsque l'enfant naturel vient à la succession à défaut de parents, la loi le soumet à une série de précautions : scellés, inventaire, etc..... (769 à 773), dans l'intérêt des héritiers qui pourraient être inconnus et viendraient à se présenter plus tard.

C'est là le seul cas et le seul sens dans lesquels un successeur irrégulier soit tenu de faire un inventaire ; il n'est pas obligé de le faire pour échapper à l'obligation de payer les dettes *in infinitum*, puisque nous avons vu qu'il n'en est tenu que dans les limites de la art qu'il recueille.

Un successeur irrégulier pourrait, dans un cas tout spécial, être tenu d'une dette *in infinitum* ; ce serait s'il avait dans sa part un immeuble hypothéqué à la dette ; mais son obligation ne viendrait pas alors de sa qualité de successeur, elle viendait du principe et des effets de l'hypothèque. Si, du reste, il payait au delà de sa part, il aurait son recours contre les héritiers légitimes.

Si le successeur irrégulier n'est pas tenu d'accepter sous bénéfice d'inventaire, nous pensons que les créanciers du défunt n'en pourraient pas moins demander la séparation des patrimoines contre ses créanciers personnels ; ils peuvent avoir intérêt à le faire si le successeur irrégulier est plus chargé de dettes que le patrimoine du défunt.

Rappelons ici une idée sous le bénéfice de laquelle

nous avons placé toutes les discussions qui précèdent, mais qu'il est bon de retracer ici, parce qu'elle est trop souvent oubliée, c'est que l'enfant naturel ne peut se présenter à la succession de son auteur, qu'autant qu'il se rattache à lui par les liens d'une reconnaissance volontaire ou forcée. Sans la reconnaissance, le bâtard demeure tout à fait étranger à son auteur. En outre, la reconnaissance étant un acte tout à fait personnel à celui de qui elle émane, ou contre qui est elle prononcée, comme nous l'avons dit plus haut, ne doit établir aucun lien vis-à-vis des parents de celui qui est légalement connu pour avoir donné le jour à l'enfant; il ne doit donc pas succéder à ces parents (756).

Voyons maintenant quelle est la part que la loi donne à l'enfant naturel dans la succession de son auteur.

Nous savons déjà qu'il vient en concours avec les parents légitimes même les plus favorables, c'est-à-dire les enfants légitimes. Mais si aucun parent légitime n'a été regardé comme assez puissant pour exclure le bâtard, la loi a dû tenir compte du plus ou moins de faveur que mérite la position du parent légitime avec lequel ce dernier concourt, pour faire varier en conséquence les droits de l'enfant naturel; c'est ce que fait l'art. 757; l'enfant a le tiers, la moitié ou les trois quarts de ce qu'il aurait eu étant légitime, suivant qu'il est en concours avec des descendants, avec des frères ou sœurs, ou avec tous autres parents. Enfin, à défaut de parents légitimes, il a droit à la totalité de la succession (758). Si l'enfant naturel est mort avant son auteur, il est représenté dans la succession de celui-ci par ses propres descendants légitimes.

Avant d'aller plus loin, il nous faut dire quelques mots d'une question que fait naître l'art. 757 ; quelle sera la part de l'enfant naturel, quand il se trouvera en présence de descendants de frères ou de sœurs? sera-ce la moitié ou les trois quarts? Le texte pris rigoureusement ferait répondre : les trois quarts, comme l'admettent les monuments de jurisprudence les plus récents. Mais l'esprit de la loi amène forcément l'autre solution ; le silence de la loi ne suffit pas pour renverser cet ensemble de toutes les dispositions où la loi met toujours les descendants de frères et sœurs sur la même ligne que ces parents eux-mêmes. (Voir notamment 742, 746, 748, 749, 750, 751, 743).

Il est essentiel de bien remarquer le procédé donné par la loi pour déterminer la part de l'enfant naturel ; supposez l'enfant légitime, fixez sa part en cet état, puis donnez-lui en le tiers, la moitié ou les trois quarts, suivant les distinctions ci-dessus.

Ce procédé, appliqué rigoureusement, lèvera bien des difficultés ; ainsi, soit un enfant naturel en présence de petits-enfants légitimes, issus d'un fils exclu pour cause d'indignité; comment ferons-nous le partage? rien de plus simple ; si le bâtard eût été légitime, il aurait eu toute la succession; il faut lui en donner le tiers, puisqu'il est en concours avec des descendants. Le même procédé conduit, du reste, à quelques résultats qu'il est bon de noter : en présence d'ascendants, frères, sœurs ou descendants d'eux, l'enfant naturel prend toujours la moitié de la succession ; en présence de collatéraux, il en prendra toujours les trois quarts.

Nous nous sommes placé jusqu'ici, et à dessein, dans l'hypothèse d'une personne qui meurt ne laissant qu'un enfant naturel ; nous avons vu que, sauf quelques points un peu délicats, les règles claires et précises posées par le législateur, permettent de résoudre assez facilement toutes les questions que peut faire naître la pratique. Il n'en est plus de même quand une personne meurt en laissant plusieurs enfants naturels ; bien des questions vont alors surgir dont la solution sera fort difficile, comme nous allons le voir.

Supposons donc plusieurs enfants naturels, dans les hypothèses où nous avons déterminé la part d'un seul enfant, et voyons quelle sera la part de chacun d'eux.

Une première manière de calculer qui séduit tout d'abord à cause de sa simplicité, consiste à supposer légitimes, tous à la fois, tous les enfants naturels, calculer la part qu'ils auraient ainsi tous ensemble et chacun en particulier, enfin, donner à chacun d'eux, suivant les hypothèses prévues par l'art. 757, le tiers, la moitié ou les trois quarts de cette portion.

Cette manière de calculer est très simple, comme on le voit ; c'est celle que suit invariablement la jurisprudence ; mais elle est loin de rencontrer chez les auteurs une aussi imposante unanimité d'adhésions. Disons tout d'abord quelle est la pensée qui a inspiré les auteurs qui se sont élevés contre la jurisprudence ; cette pensée toute d'humanité, c'est que ce système réduit l'enfant naturel à une part bien modeste (il suffit pour

s'en convaincre de remarquer que le partage d'une succession de 9,000 fr. entre un enfant légitime et deux
bâtards, donne au premier 7,000 fr., tandis que chacun
des autres n'a que 1,000 fr.), et on a dit : si la loi s'est
montrée déja bien sévère envers les enfants issus d'u-
nions illicites, il ne faut pas en exagérer la portée en
l'interprétant d'une manière qui tend à diminuer toujours leur part, par rapport à celle de l'enfant légitime,
à mesure que le nombre augmente (ainsi, un enfant naturel seul a le cinquième de l'enfant légitime ; s'il y en
a deux, chacun a le septième ; s'il y en a trois, ce n'est
plus que le neuvième, etc.)...

Frappés de ce résultat les auteurs ont cherché à créer
des systèmes qui fissent une part plus large à l'enfant
naturel.

Et tout d'abord on a dit : L'art. 757 veut que l'enfant
naturel ait le tiers, la moitié ou les trois quarts de ce
qu'il aurait s'il était légitime ; ce que la loi dit de l'enfant naturel doit s'appliquer même dans le cas où il y
en a plusieurs, c'est-à-dire que dans ce cas chacun
d'eux doit avoir une fraction de ce qu'il aurait étant
légitime, en supposant que ses frères fussent naturels. Or,
ce n'est point là le résultat auquel on arrive par le
procédé de la jurisprudence, puisque ce système, supposant tous les enfants légitimes à la fois, ne donne
point à chacun des bâtards une fraction de la part qu'il
aurait étant légitime. Cela posé, on s'est mis en quête
d'un système dont la formule rationnelle serait ceci :
Déterminer la part que chacun des enfants naturels
aurait eue s'il eût été légitime, ses frères naturels ne

comptant que pour des enfants naturels ; enfin, lui donner, suivant les cas, le tiers, la demie ou les trois quarts de cette portion.

Ce système aurait dû, selon nous, être repoussé tout d'abord ; car, il nous paraît contenir un cercle vicieux dont on ne peut sortir ; en effet, pour déterminer la part de l'enfant naturel, il faut voir ce qu'il aurait eu étant légitime, *ses autres frères étant naturels* ; mais pour cela ne faudra-t-il pas connaître la part d'un de plusieurs enfants naturels en présence de parents légitimes ? C'est-à-dire qu'il faudrait déjà connaître ce que l'on cherche. Malgré cette observation ce système a eu ses partisans et on a cherché à le formuler en opérations numériques.

Ces opérations nous ne les retracerons pas ici, car une seule observation tue ce système et donne raison à ce que nous disions ci-dessus, c'est que dans un cas donné ce système conduit à l'absurde. (Dans le partage d'une succession de 24,000 francs entre deux enfants naturels et un cousin, chacun des premiers aurait 15,000 francs). Cela prouve la fausseté du point de départ.

Ce système rejeté, il semblerait ne plus pouvoir en exister d'autre que celui de la jurisprudence ; car, de deux choses l'une : ou bien il faut supposer les enfants naturels légitimes tous à la fois, ou les supposer tels, chacun successivement. Pourtant, les auteurs ne se sont pas tenus pour battus, et il est peu de questions sur laquelle on ait vu éclore autant de systèmes.

Mais avant de faire des systèmes, il faut établir que l'on a le droit d'en faire, c'est-à-dire démontrer que la loi n'a prévu ni tacitement, ni expressément le cas de plusieurs enfants naturels; car, si la loi a prévu ce cas, il faut forcément reconnaître que l'on doit s'incliner devant elle, quelque rigoureuse qu'elle soit pour le bâtard; si, au contraire, la loi n'a prévu que le cas d'un seul enfant naturel et a passé sous silence le cas où il y en a plusieurs, il y a là une lacune à combler et, dès lors, en attendant que la loi le fasse d'une manière plus ou moins arbitraire mais impérative, c'est aux auteurs que revient le droit ou l'obligation de donner la solution de la question.

C'est donc tout d'abord sur ce premier point que doit porter la discussion : La loi a-t-elle prévu le cas de plusieurs enfants naturels?

Il est un point qui nous paraît incontestable, c'est que le texte de l'art. 757, pris rigoureusement, oblige d'adopter la réponse négative. Cela posé, pour faire admettre la réponse affirmative suffit-il de dire: « C'est à cette dernière idée qu'il faut s'en tenir ; elle est certainement celle de la loi? » Bien certainement non. Il faut démontrer que telle a été la volonté tacite du législateur, soit par les travaux préparatoires, soit parce que ce système est rationnel, équitable, etc.... Or, nous avons démontré que ce système n'est ni rationnel, ni juste ; rien dans les travaux préparatoires (à notre connaissance du moins) ne démontre que nos législateurs aient porté leur attention sur le cas de plusieurs enfants naturels. Nous nous croyons dès lors autorisé à décider que le législateur n'a pas prévu ce cas; il y a donc une lacune dans la loi; cette lacune il faut la combler.

Ce point ainsi établi, un vaste champ se trouve
ouvert à la controverse ; le problème que l'on se propose
n'est pas facile à résoudre ; aussi, bien des auteurs se
sont mis à la tâche et l'on a vu éclore bien des systèmes
à ce nouveau point de vue. Ces systèmes ont été, comme de juste, soumis à la critique la plus sévère et, pour
la plupart, on est arrivé à poser des espèces, peut-être
bien peu réalisables, dans lesquelles on les trouve en
défaut. C'en est assez pour que nous ne nous croyons
pas obligé de les reproduire ici ; un système qui ne ré-
siste pas à l'expérience de la généralisation, contient
en lui un germe d'erreur qui doit le faire rejeter. Mais
il en est un dont les bases ont été posées dans une
brochure publiée par M. Gros, avocat à Lyon, qui a été
depuis adopté et généralisé dans ses cours par un
savant professeur de la faculté de Paris et qui, ainsi
couronné par la main d'un maître, nous parait aussi
irréprochable qu'il est logique et rationnel [1].

Ce système se résume en quelques mots :

La loi n'a pas parlé du cas où il y a plusieurs enfants
naturels ; pour nous qui avons à combler cette lacune,
il nous faut autant que possible établir notre système
sur les données mêmes de la loi ; or, la loi nous permet
d'établir d'une manière claire et précise, dans tous les
cas où il n'y a qu'un seul enfant naturel, quel est le rapport entre la part de cet enfant et celle du parent légitime avec lequel il se trouve en concours ; il est rationnel

[1] M. Marcadé le trouve en défaut dans le cas qu'il prévoit, page
111 de son tome 3 ; mais nous croyons que ce reproche n'est pas
fondé ; nous essaierons de le prouver plus bas.

que nous basions notre système sur ce rapport, en nous arrangeant de manière à ce qu'il soit toujours conservé quel que soit le nombre des enfants naturels. Ainsi, supposons qu'il y ait 1 enfant légitime et 1 naturel; celui-ci a $\frac{1}{3}$ de la $\frac{1}{2}$ soit $\frac{1}{6}$ (art. 757); l'enfant légitime à $\frac{5}{6}$; le rapport est $\frac{1}{5}$; que nous ayons 2, 3, 4, enfants naturels en présence d'un seul légitime, le rapport entre la part de chacun des premiers et celle de ce dernier devra être $\frac{1}{5}$; c'est-à-dire qu'il faudra toujours faire le partage de manière que chacun des enfants naturels ait 5 fois moins que l'enfant légitime. Si nous avons 2 enfants légitimes et 1 enfant naturel, celui-ci a le $\frac{1}{3}$ de $\frac{1}{3}$ ou bien $\frac{1}{9}$; chacun des enfants légitimes aura $\frac{4}{9}$; rapport $\frac{1}{4}$; il faudra dans ce cas, quel que soit le nombre des enfants naturels, que chacun d'eux ait 4 fois moins qu'un enfant légitime, etc.

Ce système, on le voit, est assez simple; il faut, quand un cas est donné, déterminer quel serait le rapport entre la part d'un enfant naturel s'il était seul, et celle d'un enfant légitime; l'art. 757 permet d'avoir toujours facilement ce rapport; cela fait, on partage, pour le cas spécial où l'on se trouve, la succession de manière à ce que la part de chacun des enfants naturels soit à celle de chacun des enfants légitimes dans ce même rapport; une opération arithmétique tout à fait élémentaire nous donnera la réponse et la part de l'enfant naturel.

Voici en outre une remarque qui simplifiera de beaucoup les recherches et les calculs; formons le tableau des rapports successifs entre la part d'un enfant naturel et celle d'un enfant légitime, suivant qu'il y a 1, 2, 3, de ces derniers :

NOMBRE DES ENFANTS légitimes.	PART DE L'ENFANT naturel seul.	PART de l'un DES ENFANTS légitimes.	RAPPORTS.	AUTRES FORMES pour certains RAPPORTS.
1	$\frac{1}{6}$	$\frac{5}{6}$	$\frac{1}{5}$	$\frac{1}{5}$
2	$\frac{1}{9}$	$\frac{4}{9}$	$\frac{1}{4}$	$\frac{2}{8}$
3	$\frac{1}{12}$	$\frac{11}{36}$	$\frac{3}{11}$	$\frac{3}{11}$
4	$\frac{1}{15}$	$\frac{14}{60}$	$\frac{2}{7}$	$\frac{4}{14}$
5	$\frac{1}{18}$	$\frac{17}{90}$	$\frac{5}{17}$	$\frac{5}{17}$
6	$\frac{1}{21}$	$\frac{20}{126}$	$\frac{3}{10}$	$\frac{6}{20}$
7	$\frac{1}{24}$	$\frac{23}{168}$	$\frac{7}{23}$	$\frac{7}{23}$
8	$\frac{1}{27}$	$\frac{26}{216}$	$\frac{4}{13}$	$\frac{8}{26}$
9	$\frac{1}{30}$	$\frac{29}{270}$	$\frac{9}{29}$	$\frac{9}{29}$
10	$\frac{1}{33}$	$\frac{32}{330}$	$\frac{5}{16}$	$\frac{10}{32}$

C'en est assez pour saisir la loi de formation de ces rapports successifs ; nous voyons que leurs numérateurs s'obtiennent en prenant la série naturelle des nombres 1, 2, 3, etc., correspondant au nombre des enfants légitimes ; les dénominateurs de ces rapports sont une série de nombres que l'on obtient en partant de 5 et ajoutant toujours 3 à mesure que l'on a un enfant légitime en plus, ou, ce qui revient au même, en triplant le numérateur connu et ajoutant 2 ; on aura donc toujours facilement ce rapport [1].

[1] Des exemples variés et multipliés d'une manière suffisante peuvent nous convaincre que la loi de formation de nos rapports successifs est bien telle que nous le disons. Mais nous pouvons prouver directement et d'une manière incontestable sa généralité : soit un nombre d'enfants légitimes que nous désignerons par l et 1 un enfant naturel ; si celui-ci était légitime, nous aurions à faire $l + 1$ portions égales de la succession et lui en donner 1 ; il aurait alors une portion de la succession représentée par $\frac{1}{l+1}$. D'après l'art. 757 il ne doit en avoir que le tiers ; c'est donc $\frac{1}{3(l+1)}$ ou bien $\frac{1}{3l+3}$; le reste de la succession, c'est-à-dire $\frac{3l+3-1}{3l+3}$ ou $\frac{3l+2}{3l+3}$ devra être partagé entre les l enfants légitimes ; chacun d'eux aura donc $\frac{3l+2}{3l+3}$ divisé par l ou $\frac{3l+2}{3l^2+3l}$; comparons cela avec la part du bâtard qui est $\frac{1}{3l+3}$; réduisons au même dénominateur, et pour cela, multiplions les 2 termes de la 2e par l ; nous aurons, pour l'enfant légitime, $\frac{3l+2}{3l^2+3l}$ et pour le bâtard, $\frac{l}{3l^2+3l}$; le rapport sera donc $\frac{l}{3l+2}$, c'est-à-dire qu'il sera bien tel que nous l'avons indiqué.

Ce rapport étant ainsi connu, il ne restera plus à faire que l'opération arithmétique que nous avons indiquée plus haut ; la formule suivante dans laquelle L représente le nombre des enfants légitimes, N celui des enfants naturels, nous indique d'une manière générale les opérations à effectuer pour avoir la part de l'enfant naturel : $\frac{1}{3L + N + 2}$ [1].

Si nous passons au cas où les enfants naturels sont en concours avec tous autres parents légitimes que des enfants, le système que nous exposons va être encore plus

---

[1] Cette formule se justifie de la manière suivante :

Le rapport à observer est représenté par $\frac{l}{3l + 2}$; il faut partager la succession de manière que chaque enfant naturel ait l parties et que chaque enfant légitime en ait $3l + 2$; il faut donc partager la succession en $l(3l + 2) + nl$ portions ; chaque enfant naturel aura l de ces portions, ce qui fait bien notre formule $\frac{l}{l(3l + 2) + ln}$ ou $\frac{1}{3l + n + 2}$. Comme vérification de la formule, nous dirons : chaque enfant légitime aura $\frac{3l + 2}{l(3l + 2) + nl}$ les enfants légitimes auront à eux tous $l \times \frac{3l + 2}{l(3l + 2) + nl}$; les enfants naturels réunis auront $n \times \frac{l}{l(3l + 2) + nl}$; bâtards et légitimes réunis auront $l \times \frac{3l + 2}{l(3l + 2) + nl} + n \times \frac{l}{l(3l + 2) + nl}$. Si notre opération est exacte, cela doit être égal à l'unité; si nous effectuons, voici le résultat auquel nous arrivons; la formule ci-dessus est équivalente à celle-ci: $\frac{3l^2 + 2l}{3l^2 + 2l + nl} + \frac{nl}{3l^3 + 2l + nl}$ équivalente elle-même à $\frac{3l^2 + 2l + nl}{3l^2 + 2l + nl}$, ce qui est bien l'unité.

simple. Nous savons que l'enfant naturel a toujours à lui seul autant que les ascendants, frères, sœurs ou descendants d'eux réunis et trois fois autant que les autres parents réunis. Il sera facile de conserver toujours ces rapports ; dans le premier cas, les parents légitimes réunis devront compter pour un enfant et prendre une portion d'enfant qui sera ensuite subdivisée entr'eux suivant leurs droits respectifs ; dans le second cas, on triplera le nombre des enfants naturels ; on ajoutera 1 ; on divisera la succession en autant de parties qu'il y a d'unités dans le nombre ainsi obtenu ; les parents légitimes se partageront une de ces parts ; chaque enfant naturel en aura trois. Il est facile de comprendre que de cette manière le rapport voulu sera conservé.

En appliquant notre système en cas prévu par M. Marcadé (T. III, P. 114), nous voyons qu'il ne mérite pas le reproche que cet auteur lui adresse. Soient, en effet, 6 enfants naturels et 1 légitime ; chacun des premiers aura $\frac{1}{11}$, l'enfant naturel $\frac{5}{11}$. Soient les mêmes enfants naturels en présence d'un ascendant ; chacun d'eux aura $\frac{1}{7}$; l'ascendant $\frac{1}{7}$; l'ascendant a donc moins que l'enfant légitime, contrairement à ce que dit M. Marcadé.

Une dernière remarque va achever la justification de ce que nous venons de dire : dans le cas de concours avec des descendants légitimes, nos rapports successifs sont toujours inférieurs à l'unité ; il est facile de le conclure d'après leur loi de formation. C'est-à-dire que l'enfant naturel aura toujours moins en présence de descendants qu'en présence d'ascendants ou de collatéraux privilégiés, et moins en présence de ceux-ci qu'en présence de collatéraux ordinaires ; donc la proportion posée par l'art. 757 sera toujours respectée.

Ce système nous paraît ainsi à l'abri de tout reproche; il est logique; il est en harmonie avec les dispositions de la loi sur cette matière ; il est simple, car la série de nos rapports se trouvera facilement: pour le cas d'ascendants, c'est toujours 1 ; pour celui de collatéraux, toujours 3, et enfin, la série successive des rapports, en cas de concours avec des enfants légitimes, est facile à déterminer.

On peut détruire ce système en démontrant que le législateur, dans les art. 757 et suivants, a parlé d'un enfant pour dire tous les enfants naturels ; alors il faut admettre le système de la jurisprudence; mais si on admet, comme c'est notre conviction, que la loi n'a prévu que le cas d'un seul enfant et a passé sous silence les autres, nous croyons que le système que nous venons d'exposer est de nature à suppléer parfaitement au vide de la loi.

Remarquons, pour en finir avec cet ordre d'idées, que si le défunt meurt sans laisser de parents au degré successible, les enfants naturels prennent toute la succession et se la partagent absolument comme les enfants légitimes.

Il faut faire, enfin, une remarque qui résulte de tout ce que nous venons de dire, c'est que la présence d'un enfant naturel n'influe en rien sur les principes que la loi a tracés pour le partage entre les héritiers légitimes, à moins que des textes spéciaux ne contiennent une dérogation formelle à ces principes. Les parents légitimes

partagent donc absolument comme s'ils étaient seuls,
sauf la diminution que leur fait subir la présence de
l'enfant naturel ; c'est ainsi que, s'il y a des descendants
dans une ligne et des collatéraux dans l'autre, la succession se divise en deux branches (733, Cod. Nap.), et
l'enfant naturel vient prendre la 1/2 dans une branche,
et dans l'autre, les 3/4 de ce qu'il aurait eu étant légitime. C'est ainsi que, s'il n'y a des parents que dans une
ligne, il se fait une dévolution à l'autre ligne, et l'enfant
naturel ne peut pas prétendre qu'il ait droit à la part
revenant à la ligne vide.

§ Ier.

De la réserve des enfants naturels.

Nous venons de déterminer ce que l'art. 908 du Cod.
Nap. nous autorise à appeler le *maximum* de la part attribuée à l'enfant naturel, puisque cet article nous apprend qu'on ne peut rien lui donner de plus que la
portion que nous venons de déterminer. Il faut voir
maintenant ce que nous appellerons le *minimum* de
l'enfant naturel, c'est-à-dire la portion à laquelle il peut
être réduit par les libéralités du défunt, en d'autres
termes, sa réserve.

D'abord, si nous supposons un enfant naturel reconnu dans le cas de l'art. 337, Cod. Nap., nous savons
qu'il n'a droit qu'à des aliments ; ce sera là tout à la fois
et son *maximum* et son *minimum*.

11.

Un autre *minimum* est prévu par l'art. 761, Cod. Nap.; l'enfant naturel n'a rien à réclamer si, du vivant de son auteur, il a reçu la moitié de ce qui lui est attribué par les articles précédents, avec déclaration expresse, de la part de son auteur, que son intention est de réduire l'enfant à cette portion. Si la part à lui assignée dans ce cas est inférieure à cette moitié, il n'a que l'action en supplément. Cette réduction ne peut exister qu'avec le consentement de l'enfant, car il est toujours libre de refuser la libéralité qu'on voudrait lui faire en lui imposant une pareille condition. Nous croyons, en outre, que cette réduction n'a d'effet que vis-à-vis de parents légitimes; s'il n'en existait pas, le bâtard pourrait réclamer la succession tout entière.

Mais ce ne sont là que des hypothèses particulières, il faut généraliser la question et nous demander s'il existe une réserve au profit de l'enfant naturel. Cette question a été vivement débattue. Il nous paraît pourtant impossible de ne pas leur en accorder une; les droits de l'enfant naturel sont déterminés comme une fraction de ce qu'ils seraient s'il était légitime; à la différence près des chiffres, il a les droits d'un enfant légitime; il a donc une réserve, sauf à la déterminer à un chiffre moindre. Un argument plus fort encore se tire de l'art. 761; si l'enfant ne peut rien demander quand il a reçu la part déterminée par cet art., c'est qu'il peut demander quelque chose quand il n'a pas reçu cette part, c'est-à-dire qu'il ne peut pas être réduit à zéro; n'est-ce pas là avoir une réserve?

Mais maintenant quel sera le chiffre de cette réserve?

Tout d'abord, si nous supposons qu'il n'y ait qu'un seul enfant naturel en présence d'un nombre quelconque de parents légitimes de quelque qualité qu'ils soient, la réserve se déterminera facilement par le procédé que nous avons indiqué plus haut pour trouver la part de cet enfant dans la succession; nous le supposerons légitime; nous verrons la part de réserve qu'il aurait alors, et nous lui donnerons, suivant les distinctions prévues par l'art. 757, le tiers, la moitié ou les trois quarts de cette portion; s'il était seul, il aurait la même réserve qu'un enfant légitime.

Mais cela fait, il se présente immédiatement une seconde question; nous savons quelle fraction l'enfant naturel aura dans la réserve; ce sera un $\frac{1}{6}$ ou toute autre fraction; mais pour que cela signifie quelque chose, il nous faut savoir quel est le chiffre total de la réserve, quand l'enfant naturel sera en concours avec des héritiers qui, eux-mêmes, ont droit à une réserve. Il ne peut y avoir de difficulté quand il est seul ou en concours avec des héritiers non réservataires. Au premier cas, il prendra tout d'abord ce qui est dans la succession et, en cas d'insuffisance, il complètera sa réserve en faisant réduire les dispositions testamentaires ou entre-vifs; remarquons qu'il pourrait réduire même une donation qui serait antérieure à sa reconnaissance. Au second cas, il en sera de même, et les héritiers légitimes ne prendraient quelque chose que tout autant qu'il y aurait un excédant sur la réserve de l'enfant naturel.

Mais supposons l'enfant naturel en concours avec des

héritiers à réserve, c'est-à-dire des enfants ou des ascendants légitimes; qu'en sera-t-il? s'il y a trois enfants
ou un plus grand nombre, la réserve est fixée invariablement aux trois quarts; la survenance d'enfants légitimes ne saurait la faire accroître; il en sera, *a fortiori*, de
même de l'enfant naturel, c'est-à-dire que celui-ci prendra sa fraction de réserve uniquement sur la part ré-
servée aux enfants légitimes qui se verront privés d'autant.

Si maintenant nous le supposons en présence d'un
seul enfant légitime, quel sera le chiffre total de la réserve, autrement dit, sur quoi prendrons-nous sa part?
Une remarque bien simple va nous donner la réponse.
Faisons abstraction de l'enfant naturel; la réserve serait
de moitié, la quotité disponible d'autant; supposons la
survenance d'un enfant légitime; la réserve du premier
enfant devient 1/3, la quotité disponible sera de la
même somme, c'est-à-dire que la réserve de l'enfant
légitime nouveau venu influe également sur la réserve
du premier et sur le disponible; en d'autres termes,
qu'il prend son tiers, moitié sur la réserve, moitié sur
le disponible. Il devra en être de même pour l'enfant
naturel à la différence près des chiffres; sa part de ré-
serve, dans ce cas, est de $\frac{1}{9}$ au lieu d'un $\frac{1}{3}$; il prendra
donc $\frac{1}{18}$ sur la réserve de l'enfant légitime, $\frac{1}{18}$ sur le disponible, il restera $\frac{8}{18}$ pour le premier et $\frac{8}{18}$ pour le second.

Un raisonnement absolument identique nous amène-
rait à déterminer, pour le cas où il y a deux enfants
légitimes, une quotité disponible de $\frac{11}{36}$; une part égale
pour chacun des enfants légitimes, et une réserve de

$\frac{3}{36}$ pour l'enfant naturel, c'est-à-dire que, dans ce cas encore, l'enfant naturel prendra sa part de réserve par fractions égales sur la part de chacun des enfants légitimes et sur la quotité disponible.

Si nous supposons maintenant que l'enfant naturel soit en concours avec des ascendants, sa réserve qui est du quart se prendra exclusivement sur la part revenant aux ascendants, s'il y en a dans les deux lignes; elle se prendra et sur la réserve et sur le disponible par moitié, s'il n'y a d'ascendants que dans une ligne. Cette règle nous est encore donnée par analogie de ce qui aurait lieu par la survenance d'un enfant légitime.

Nous avons jusqu'ici examiné la réserve dans le cas où il n'y a qu'un seul enfant naturel; il nous faut voir maintenant quelle elle sera, s'il y a plusieurs enfants.

D'abord, si les enfants naturels sont seuls, nous les traiterons absolument comme s'ils étaient légitimes; donc, pas de difficulté; la réserve sera de $\frac{1}{2}$, $\frac{2}{3}$ ou $\frac{3}{4}$, suivant qu'il y en aura 1, 2, 3 ou un plus grand nombre.

Si, maintenant, nous les supposons en concours avec des parents non réservataires, voici comment nous procéderons: nous savons quelle est dans tous les cas la réserve d'un enfant naturel; nous savons quel est le rapport de cette réserve avec la quotité disponible; il faut nous arranger de manière à ce que la part de réserve d'un enfant naturel soit toujours dans le même rapport avec la disponible. Ainsi, un enfant naturel, en présence de collatéraux ordinaires, a droit à une réserve de $\frac{3}{8}$ ($\frac{3}{4}$ de la 1/2); le disponible est donc $\frac{5}{8}$; rapport $\frac{3}{5}$. S'il y a deux enfants, chacun aura une réserve de $\frac{3}{11}$

(en tout $\frac{0}{11}$), le disponible sera de $\frac{5}{11}$. Mais ici se présente une nouvelle difficulté; pour les enfants légitimes, nous savons qu'au-dessus de trois, leur nombre n'influe plus sur le disponible qui se trouve dès lors invariablement fixé à 1/4; il doit en être de même pour les enfants naturels, c'est-à-dire qu'à un certain nombre leur présence ne doit plus rien faire sur le disponible; car, s'il n'en était pas ainsi, en poussant les choses à l'extrême, nous arriverions à réduire le disponible au-dessous de 1/4, ce qui ne peut pas être. Mais quel sera ce nombre?

Il nous semble naturel de le déterminer en prenant pour base ce que la loi a fait pour les enfants légitimes; pour ceux-ci la quotité disponible devient invariable, quand elle est arrivée à être la moitié de son maximum. Nous en ferons autant ici. Ainsi, le maximum de la quotité disponible se rencontre dans le cas où il y a un seul enfant naturel; elle est alors de $\frac{5}{8}$; elle devra donc varier entre $\frac{5}{8}$ et $\frac{5}{16}$ ou, du moins, un nombre voisin de ce dernier nombre, mais en restant toujours en dessus; cela nous amène à nous arrêter à trois enfants naturels, parce que, à ce nombre, le disponible est de $\frac{5}{11}$ supérieur à $\frac{5}{16}$.

En présence de collatéraux privilégiés, nous ferons absolument le même raisonnement.

Nous en dirons autant pour les autres cas, en faisant observer que, dans le cas où il y a trois enfants légitimes, le disponible est invariablement fixé à 1/4.

Nous avons dit plus haut que l'enfant naturel, pour parfaire sa réserve, a le droit de demander la réduction

des donations faites avant sa reconnaissance, de même
que l'enfant légitime a le droit de faire réduire celles
qui ont été faites avant sa naissance. Mais cela donne
lieu à une question : quand il s'agit d'une donation
faite avant la naissance d'un enfant légitime, qui se
trouve fils unique, il y a pour lui plus qu'un droit de
réduction, il y a révocation complète et de plein droit
de la donation (art. 960). Dans le même cas, l'enfant
naturel n'a qu'un droit de réduction; car, sa survenance
ne révoque pas de plein droit la donation (960). Ce point
ne peut pas faire doute; mais voici une question qui est
très-controversée; pour qu'il y ait lieu d'appliquer l'art.
960, il faut que le donateur n'ait point d'enfant au moment de la donation ; celui qui a un enfant naturel a-t-il
ou non un enfant dans le sens du commencement de cet
art. ? Il nous semble rationnel d'admettre que oui ;
puisque celui qui, ayant un enfant naturel, fait une
donation, puis légitime cet enfant par le mariage subséquent, ne voit pas révoquer la donation, il faut bien en
conclure que la présence d'un enfant naturel est un
obstacle à la révocation.

§ II.

Théorie des rapports.

Quand une succession est déférée à des héritiers légitimes, la loi veut, autant que possible, que l'égalité
préside au partage qui doit s'opérer entre eux. C'est
dans ce but qu'elle les oblige en principe à faire rapport

à la masse de tout ce qu'ils peuvent déjà avoir reçu du défunt (843 et suiv., Cod. Nap.)

On présente ordinairement l'art. 760 du Cod. Nap. comme contenant le germe d'une théorie analogue appliquée aux enfant naturels ; c'est à tort, selon nous. Nous ne pouvons ici admettre un prétendu désir de maintenir une égalité qui n'a rien à y faire. Selon nous, l'art. 760 a pour but de restreindre l'enfant naturel à la part que la loi lui attribue dans les art. 757 et suivants, c'est une manifestation de l'idée qui, un peu plus loin, a dicté l'art. 908.

Quoiqu'il en soit, l'art. 760 oblige l'enfant naturel à imputer sur la part à laquelle il peut prétendre dans la succession de ses père et mère, ce qu'il en a reçu de leur vivant, et qui serait sujet à rapport, s'il s'agissait d'un héritier légitime.

Ceux-là mêmes qui font, de l'imputation imposée à l'enfant naturel par l'art. 760, une théorie analogue à la théorie des rapports, reconnaissent que l'imputation n'est pas du tout soumise aux mêmes principes que les rapports ; et il y a, en effet, entre les deux théories de nombreuses différences.

L'imputation de l'enfant naturel se fait toujours en moins prenant ; ce n'est donc jamais un rapport en nature. L'enfant naturel n'est donc point débiteur envers la succession d'un corps certain ; ce qu'il doit, c'est la valeur *ab initio* de ce qu'il a reçu ; donc, que la chose augmente ou qu'elle diminue, qu'elle périsse même complétement, peu importe, il sera toujours tenu d'en imputer la valeur.

Mais, si la chose ne doit pas rentrer dans le patrimoine, sa valeur n'en doit pas moins être comptée dans la masse totale du patrimoine sur lequel doit se calculer la part de l'enfant naturel.

Il y a un point de vue sous lequel l'imputation se rapproche du rapport, c'est quand il s'agit de savoir ce qui est sujet à imputation. L'art. 760 nous apprend que l'enfant naturel doit imputer ce que l'enfant légitime devrait rapporter. Les art. 843 et suivants nous diront donc ce qu'il doit imputer. Mais ici arrive immédiatement une disposition toute spéciale à l'enfant naturel, c'est qu'il est tenu d'imputer toujours et ne peut pas être dispensé de l'imputation, tandis que l'enfant légitime peut être dispensé du rapport. L'art. 908 s'oppose à l'admission d'une pareille dispense ici.

Lorsque l'enfant naturel prédécédé est représenté dans la succession de son auteur par ses descendants légitimes, ceux-ci sont tenus d'imputer ce qu'ils ont reçu et ce qu'a reçu leur auteur.

Nous pensons que l'art. 760 serait encore applicable dans le cas où il n'y aurait que des enfants naturels en présence les uns des autres, sans parents légitimes.

Mais l'enfant naturel pourrait-il demander le rapport à l'héritier légitime avec lequel il se trouverait en concours? Nous croyons que la nature des droits de l'enfant naturel, telle qu'elle est déterminée par l'art. 757, autorise à demander ce rapport.

Nous en avons fini là avec les règles que la loi a posées dans le titre spécialement consacré par elle à la théorie des droits des enfants naturels dans la succession de leurs père et mère. Mais il reste encore une foule de questions qui se rapportent aux droits successifs des enfants naturels et qu'il nous faut grouper ici pour être complet. C'est un des cas où, comme nous le disons plus haut, nous aurons souvent à nous prononcer sans avoir pour guide les textes, c'est dire que cette partie de notre travail, surtout, se recommande à l'indulgence de nos juges.

Ainsi, l'art. 747 du Cod. Nap., décide que les ascendants succèdent, à l'exclusion de tous autres, aux choses par eux données à leurs enfants ou descendants décédés *sans postérité*, etc... On se demande, sur cet art., quel serait l'effet de la présence d'un enfant naturel issu de l'un de ces descendants. La jurisprudence décide, d'une manière à peu près constante, que le mot postérité de notre art. ne s'applique qu'à la postérité légitime et que, par conséquent, la présence d'un enfant naturel n'empêcherait pas l'exercice du droit de retour. Les auteurs se prononcent pour l'opinion contraire d'une manière à peu près unanime, c'est-à-dire qu'ils soutiennent que l'enfant naturel viendra en concours avec l'ascendant pour une part proportionnelle à celle qu'il prendrait dans une succession ordinaire, c'est-à-dire la moitié. Sans entrer dans les détails de cette discussion, nous indiquerons un argument qui nous paraît de nature à faire triompher la première opinion. Cet argument nous le tirons de l'art. 351. Ce texte établit, pour le père adoptif sur les biens de l'adopté, un droit semblable à celui que l'art. 747 accorde aux ascendants sur ceux de leurs descendants. Tout le monde reconnaît que ces deux art. contiennent une seule et même théorie (le retour légal) se présentant dans deux espèces différentes. Or, sur l'art. 351, on ne peut pas douter que la présence de l'enfant naturel est sans effet (arg. du texte); dès lors, ne faut-il pas, pour l'autre, admettre la même solution?

Un enfant naturel pourrait-il invoquer le § 2 de l'art. 909 pour soutenir, dans l'espèce prévue par le § 1, que la donation faite à son profit est valable? Il nous semble que oui : les mêmes raisons morales se présentent, la loi, supposant que la donation a pour mobile l'affection. Seulement l'enfant naturel sera tenu d'imputer cette donation conformément à l'art. 760.

L'art. 911 s'applique-t-il à l'enfant naturel en ce sens que les relations de paternité, maternité et de filiation naturelles, suffiraient pour faire naître les présomptions d'interposition de personne établies par la loi? Il nous semble que la solution affirmative est admissible; car, la raison qui a fait établir cette présomption, se présente aussi bien en cas de filiation naturelle qu'en cas de filiation légitime.

Ici se présente une série de questions plus délicates. On sait qu'en principe la loi prohibe les substitutions fidéicommissaires, c'est-à-dire les dispositions à titre gratuit, faites au profit d'une personne, avec charge par elle de conserver jusques à sa mort la chose donnée, pour la transmettre à ce moment à telle ou telle personne déterminée. On sait aussi que les articles 1048 et suivants permettent par exception ces dispositions , lorsque celui à qui elles s'adressent est le fils ou le frère de celui qui la fait et qu'à celà s'ajoutent d'autres conditions que nous ne rappellerons pas ici.

Nous avons, sur ces articles, à nous poser une série de questions.

D'abord l'exception de l'art. 1048 est-elle applicable au cas où la disposition s'adresse à un enfant naturel? Il nous semble que l'on doit se prononcer pour l'affirmative. Les art. 1048 et suivants ont pour but de permettre à un homme prudent d'assurer le sort de ses petits-enfants contre l'imprévoyance ou l'incapacité de leur père; pourquoi refuscrait-on cela au père naturel?

Les dispositions permises par les art. 1848 et 1049 ne sont valables qu'en tant qu'elles sont faites au profit de tous les enfants du grevé ou de leurs descendants sans distinction (1050-1051). Faut-il comprendre parmis ces descendants les enfants naturels? évidemment; puisque l'esprit de la loi est que l'ordre naturel des successions ne soit pas changé, il faut que tous ceux qui viendraient à cette succession viennent à la substitution.

La disposition permise par l'art. 1049, au profit du père, n'est valable que si le donateur meurt sans enfants; quel serait l'effet de la présence d'un enfant naturel à ce moment? ce serait de faire annuler la disposition pour la part revenant à l'enfant naturel.

Voilà une première mesure que la loi a permis à un homme prévoyant d'employer pour assurer le sort de ses petits-enfants ou de ses neveux; une autre mesure puisée dans le même ordre d'idées est prévue et organisée par les art. 1075 à 1080 du Cod. Nap.; un partage est une opération toujours longue, difficile et onéreuse;.

les articles précités permettent à tout ascendant de faire, soit par acte entre-vifs, soit par testament, le partage de ses biens entre ses enfants, pour éviter les inconvénients que nous venons de signaler. Faut-il appliquer ces articles quand quelques-uns des enfants sont naturels? C'est tantôt par a fortiori et tantôt par analogie qu'il faut répondre oui : par analogie, quand tous les enfants sont bâtards ; par a fortiori, quand il n'y en a que quelques-uns de cette qualité ; car certes, leur présence n'est pas faite pour faciliter les opérations du partage, et du reste, le texte ne contredit pas cette solution. Seulement il est clair que l'enfant naturel ne pourra rien recevoir au delà de la part déterminée par l'art. 757 (908). Si le partage est fait par acte entre-vifs, il suffira que l'enfant naturel y reçoive la moitié de la part que lui donne l'art. 757 (761). S'il n'est pas compris dans le partage, il peut en demander la nullité. Que, s'il n'y a que des enfants naturels, le partage se fait entre eux comme s'ils étaient légitimes.

Que faudrait-il statuer sur la quotité disponible entre époux, si l'un d'eux avait des enfants naturels; faudrait-il appliquer l'art. 1098, ou dire que l'époux pourra donner à son conjoint ce qu'il pourrait donner à un étranger? Nous croyons que c'est la quotité disponible ordinaire qui serait seule appplicable. Les articles 1094 et 1098 nous paraissent ne parler que des enfants légitimes.

Mais quant à l'article 1100 qui répute les enfants d'un conjoint personnes interposées, quand des donations sont faites à ceux-ci, il nous paraît s'appliquer aux enfants naturels comme aux enfants légitimes ; car, nous ne voyons pas de raison pour distinguer.

Nous croyons pouvoir en dire autant de l'art. 1118 ; certes, la loi ne peut pas défendre à un père d'aimer ses enfants naturels. (Nous plaçons ici cette observation, quoiqu'elle ne tienne en rien aux droits successifs ; mais nous ne voulons pas être obligé d'y revenir plus tard).

§ III.

Prédécès de l'enfant.

Nous avons supposé que le père naturel mourait le premier et nous avons essayé d'établir les droits de l'enfant dans sa succession. Nous allons maintenant prendre le cas inverse et voir, quand l'enfant naturel meurt, à qui est attribuée sa succession? Tout d'abord, s'il laisse des descendants soit légitimes, soit naturels, soit légitimes et naturels tout à la fois, c'est à eux et à eux exclusivement que sera dévolue sa succession (705) ; et ce, dans la proportion et d'après les règles que nous connaissons. Voilà le premier ordre de ses héritiers.

A défaut de descendants, sa succession est déférée à celui de ses père et mère qui l'a reconnu ou à tous les deux concurremment, s'il l'ont reconnu tous les deux (765). Voilà la deuxième classe d'héritiers.

Plusieurs questions se rattachent à ce point : d'abord, les père et mère naturels ont-ils un droit de réserve

dans la succession de leur enfant? Nous ne le pensons
pas. L'art. 915 ne parle que d'ascendants légitimes, et
rien dans la loi ne nous autorise à créer un pareil droit
au profit des parents naturels.

Si un enfant naturel, reconnu par ses père et mère,
meurt avant eux, et après avoir reçu de l'un d'eux une
donation, celui qui la lui a faite peut-il invoquer le bénéfice du retour légal, en vertu de l'art. 747? Nous croyons
qu'il le pourrait, car les enfants légitimes de ce père
ont ce droit (766); le père doit donc l'avoir par *a fortiori.*

Enfin, à défaut de descendants, père et mère, la loi
a établi, dans l'art. 766, une troisième et dernière classe
d'héritiers de l'enfant naturel, ce sont ses frères et
sœurs, enfants naturels comme lui, ou leurs descendants
légitimes. Seulement les frères et sœurs légitimes ont
le droit de reprendre dans sa succession ce qui lui était
advenu du père ou de la mère, auteur commun. Nous
pensons que les frères et sœurs naturels succéderaient
par égales portions sans distinction de ligne; ce n'est pas
la parenté qui a fait établir ce droit de succession; c'est
plutôt le lien commun d'illégitimité et de malheur qui
unit les enfants bâtards d'un même individu.

Enfin, à défaut de parents, l'enfant naturel aurait
pour héritier son conjoint, puis l'État.

SECTION III°. — *De la légitimation.*

Nous connaissons maintenant la position défavorable
que la loi a faite à l'enfant naturel. Une question qui se
présente ici tout naturellement à l'esprit, c'est de savoir

si l'enfant naturel est fatalement condamné à rester toujours dans cette position ou s'il pourra, au contraire, arriver quelquefois à un sort meilleur.

La loi offre aux père et mère naturels le moyen d'élever leurs enfants au rang d'enfants légitimes, à l'aide de ce que l'on appelle la légitimation, dont il est traité dans les art. 331, 332 et 333 du Cod. Nap. Nous savons qu'à Rome, la légitimation pouvait se faire de plusieurs manières. Chez nous, la loi n'a pas été aussi généreuse ; elle n'admet qu'un seul mode de légitimation, c'est le mariage subséquent des père et mère. Ce mariage légitime de plein droit les enfants qui, au moment de sa célébration, au plus tard, sont reconnus être nés des œuvres des deux conjoints. Si cette constatation avait lieu plus tard, les enfants n'auraient, vis-à-vis de leurs auteurs, que les droits d'enfants naturels simples.

Un enfant naturel, reconnu dans le cas de l'art. 337, ne pourrait être légitimé que tout autant qu'il n'existerait pas d'enfant issu du premier mariage de son auteur; car alors, nous savons que l'art. 337 s'efface, et que l'enfant se trouve placé dans les conditions ordinaires.

Le bénéfice de la légitimation peut être accordé à des enfants naturels, même après leur mort, s'ils ont laissé des descendants légitimes; ce serait sur ceux-ci que retomberait le bienfait. S'ils n'ont pas laissé de descendants, la légitimation ne peut pas avoir lieu (332 et arg. *a contrario*). Ceci nous paraît confirmer la solution que nous avons donnée plus haut, en décidant que la reconnaissance ne peut pas avoir lieu quand elle s'applique à un enfant mort sans postérité.

Quant aux effets de la légitimation, ils sont très clairs à formuler; l'enfant légitimé est, à partir du mariage de ses père et mère, un enfant légitime (art. 333, Cod. Nap.)

Suivant certains auteurs, il existerait pour un parent naturel un moyen, sinon de légitimer complétement son enfant, au moins de lui conférer les principaux avantages de la légitimité; ce moyen serait l'adoption. D'autres auteurs combattent énergiquement cette doctrine. La jurisprudence, sur ce point, ne présente pas plus d'unanimité que les commentateurs. La cour suprème elle-même a admis tour à tour les deux solutions. S'il nous faut émettre une opinion au milieu d'une discussion qui divise ainsi les autorités les plus imposantes, nous dirons que nous sommes plus porté à croire à l'impossibilité de l'adoption. Cette solution nous paraît, abstraction faite de toute discussion juridique, commandée par la raison. S'il en est ainsi, le silence seul de la loi ne doit-il pas être un argument en notre faveur? N'est-ce pas le cas de dire : ce qui n'est pas permis est défendu? Enfin, ce qui nous semble le plus décisif, c'est que, dans les travaux préparatoires du Code, nous voyons présenter l'adoption comme devant donner des enfants à celui qui n'en a pas, comme devant créer un lien de parenté entre deux personnes étrangères l'une à l'autre.

Nous ne parlons, du reste, que de l'enfant naturel reconnu. L'enfant naturel non reconnu, étant un étranger pour ses père et mère, peut très bien être adopté

12.

par eux, et personne ne pourra contester la validité de l'adoption, car personne ne pourra prouver le lien qui la rendrait impossible.

DEUXIÈME PARTIE.

Des enfants incestueux et adultérins.

Nous arrivons maintenant à une classe d'enfants contre lesquels la loi s'est montrée encore plus sévère qu'envers ceux dont nous avons parlé jusqu'ici. Nous n'avons plus, en effet, ici des enfants issus d'unions qui n'ont qu'un vice, c'est de n'avoir pas été accompagnées des formalités voulues pour être parfaitement irréprochables; les enfants dont nous allons parler sont issus d'unions qui portent un trouble plus direct et plus profond dans la société, soit en nous montrant des relations contre lesquelles proteste la conscience de tous les hommes, soit en venant jeter le trouble et le parjure au milieu de deux personnes liées sur la promesse d'une fidélité éternelle. On conçoit que le législateur se soit préoccupé de proscrire plus sévèrement des unions dont les effets étaient plus funestes. Cependant, ici encore, la pensée du législateur s'est traduite plutôt en peines morales qu'en peines physiques. Il est vrai que l'adultère est frappé d'une vraie pénalité; mais il n'en est pas de même de l'inceste; le législateur, très moral en cela, a pensé qu'il valait mieux le couvrir d'un voile, et il a reporté ici, comme plus haut, toutes ses rigueurs sur les enfants; c'est ce qui va résulter de l'examen que nous allons faire de leur condition.

Tout d'abord, pour savoir si un enfant est incestueux ou adultérin, c'est au moment de sa conception qu'il faut se placer. Ce point sera souvent difficile à déterminer en fait; mais nous ne croyons pas que l'on puisse recourir aux présomptions que la loi pose dans les art. 312 et suivants du Cod. Nap.

Quant à la position faite par la loi aux enfants naturels qui sont nés dans cette condition, elle se résume dans les deux idées suivantes:

La première, c'est que le législateur a voulu couvrir d'un voile impénétrable le lien qui les unit à leur auteur, en prenant ses précautions pour que ce lien n'eût jamais d'existence légale. Ces enfants sont à tout jamais condamnés à rester des étrangers par rapport à leurs père et mère. La seconde idée, c'est que, quand le lien se trouvera constaté par la force des choses et contre le vœu du législateur, la loi lui refusera tout effet et le tiendra pour inadvenu, sauf en un point que nous verrons plus bas.

A la première de ces deux idées se rattache l'art. 335, qui défend de reconnaître un enfant provenant d'une union adultérine ou incestueuse. La conséquence de ce principe est que si, en fait, une pareille reconnaissance a eu lieu, elle ne peut produire aucun effet ni pour, ni contre l'enfant. Ainsi, celui-ci ne peut pas l'invoquer pour demander des aliments à son auteur; on ne peut pas l'invoquer contre lui pour le priver d'une libéralité que cet auteur lui aurait faite, ni pour faire annuler une adoption faite à son profit. Dans le même ordre d'idées est écrit l'art. 342, qui défend à un enfant de rechercher sa filiation, quand elle arriverait à constater un inceste ou un adultère. Quant aux tiers, ils ne pourraient pas plus ici que pour des enfants naturels simples, rechercher la filiation d'un enfant.

Toujours comme conséquence du principe que la reconnaissance est nulle quand elle regarde les enfants dont nous parlons ici, nous admettrons que lorsqu'un enfant est reconnu tout à la fois par un père libre et une mère mariée, la reconnaissance du père a tous ses effets, qu'elle soit antérieure ou postérieure à l'autre ; *utile per inutile non vitiatur.* De même, entre deux reconnaissances dont le concours constaterait une filiation incestueuse, la première faite serait seule valable. Si elles étaient faites ensemble, elles se détruiraient réciproquement.

A la seconde idée se rattachent : d'abord l'art. 762, qui déclare que l'enfant incestueux ou adultérin n'a aucun droit dans la succession de son auteur ; il ne peut réclamer que des aliments ; et puis, l'art. 754 qui porte que cet enfant ne peut rien demander du tout lorsque son auteur lui a, de son vivant, fait apprendre un art mécanique quelconque ou lui a assuré des aliments. Il est clair, au surplus, qu'une profession libérale devrait être mise sur la même ligne qu'un art mécanique.

Mais ici arrive une question que l'on ne manquera pas de se faire après l'exposé qui précède ; on dira : la loi refuse tout effet à la reconnaissance volontaire des

enfants incestueux ou adultérins ; elle prohibe la recherche judiciaire de la paternité ou de la maternité soit
par ces enfants, soit contre eux; quand donc pourront-ils
invoquer l'art. 762 et demander des aliments? quand
pourra-t-on, en vertu de cet article, les faire priver d'une
libéralité à eux faite par leur auteur, etc.?

Sur cette question, on s'accorde généralement pour répondre ceci : il est vrai que la loi prend des mesures
pour empêcher ces filiations d'être constatées; mais il est
possible que cette constatation arrive à se faire malgré le
vœu du législateur; c'est alors et alors seulement que les
dispositions dont nous venons de parler recevront leur
application. Nous ne pouvons que nous ranger à cette
opinion.

Mais à côté de cela se place immédiatement une
seconde question : dans quel cas une filiation adultérine
ou incestueuse pourra-t-elle se trouver constatée? Ici
nous ne pouvons plus nous ranger à l'avis de la généralité des auteurs; ils citent un certain nombre de cas dans
lesquels cette filiation pourra avoir une existence légale;
de ces cas, nous ne pouvons en admettre qu'un. Notre
réponse est peut-être bien absolue, mais elle nous
paraît commandée d'une manière impérieuse par les
principes de la matière. Nous pensons qu'un homme ne
peut pas avoir d'enfant incestueux ni adultérin ; qu'une
femme ne peut point non plus avoir d'enfant incestueux,
mais elle peut avoir un enfant adultérin; ce dernier point,
sur lequel nous sommes d'accord avec les auteurs, se
justifie par l'exemple d'un désaveu de paternité admis
contre une femme et son enfant, alors que le fait de

maternité est constaté par une décision passée en force
de chose jugée; quand, en effet, il est jugé que l'enfant,
auquel une femme mariée a donné le jour pendant le
mariage, n'est pas des œuvres de son mari, il faut bien
admettre que cet enfant est adultérin. Mais en dehors
de ce cas, il nous semble que les efforts des interprètes,
pour arriver à poser d'autres espèces, sont parfaitement
stériles; c'est du moins ce que nous allons essayer de
démontrer en examinant les diverses hypothèses pro-
posées.

Ainsi, on donne pour exemple de filiation adultérine,
légalement constatée, le cas d'un mariage annulé pour
cause de bigamie ; cet exemple doit, selon nous, être
rejeté ; qui constatera la filiation ? Est-ce la présomption
pater is est....? On ne saurait le soutenir; comment
dès lors, prouvera-t-on que l'enfant est né des deux
personnes qui n'ont jamais été mariées? Il nous paraît
impossible de le prouver d'une manière légale.

Nous en dirons autant dans le cas d'un mariage annulé pour cause d'inceste.

On a beau chercher, mais il nous semble que, dans ces
deux cas, le père n'est pas connu et ne peut pas l'être;
il est donc impossible qu'on en fasse sortir un enfant
adultérin ou incestueux vis-à-vis du père; l'enfant pourra être adultérin pour la mère bigame, si le premier
mari le désavoue, c'est le cas que nous avons vu plus
haut; mais comment l'enfant sera-t-il incestueux vis-à-
vis de la mère, si le père est inconnu? Il n'en est pas
ici comme du cas précédent où il suffit de faire la preuve
toute négative que l'enfant n'est pas né du mari, pour

constituer un enfant adultérin ; pour prouver qu'un enfant est incestueux, il faut prouver qu'il est issu de
telle femme et de tel homme, entre lesquels il y a un
lien de parenté tel qu'ils ne peuvent pas contracter
mariage entre eux ; or, comment faire cette preuve,
puisque le père ne peut pas être connu.

Un autre cas plus spécieux est présenté par certains
auteurs : ils supposent que deux personnes parentes au
dégré prohibé se marient après avoir obtenu des dis-
penses, conformément à l'art. 164 Cod. Nap.; avant que
180 jours se soient écoulés depuis l'obtention des dis-
penses, la femme met au monde un enfant ; ils supposent, enfin, que le père soit dans l'un des cas prévus par
l'art. 314 où il ne peut pas désavouer l'enfant, et ils
disent: voilà un enfant qui est nécessairement incestueux ; il a pour père le mari et il a été conçu à une
époque où les relations des deux époux étaient incestueuses. Nous ne croyons pas à la légalité de ce raisonnement ; suivant l'opinion que l'on admettra sur l'art.
314, on aura un enfant légitime ou un enfant sans père
connu, mais jamais un enfant incestueux ; la première
opinion dit : dans le cas prévu par l'art. 314, la loi semble vouloir jeter un voile sur la conception de l'enfant ;
il est né en mariage, il est légitime ; si la courte durée
de sa gestation a quelque chose de suspect, ce n'est qu'au
père qu'il appartient de protester ; toute autre personne
doit accepter cet enfant pour légitime, ce n'est certes
pas le cas de faire appel à la maxime *infans conceptus*,....
La deuxième opinion regarde cet enfant comme incestueux en fait, parce que, au moment de sa conception,

les relations entre ses père et mère étaient incestueuses. En nous plaçant à ce point de vue, nous pourrons dire que légalement il n'y a pas encore là un enfant incestueux : si le père reconnaissait formellement l'enfant dont la mère est enceinte au moment du mariage, cette reconnaissance ne constaterait pas la filiation incestueuse (335). Or, comment veut-on que les cas prévus par l'art. 314, qui sont tout au plus une reconnaissance tacite, aient plus de force qu'une reconnaissance formelle.

Nous appliquerions la dernière partie de notre raisonnement au cas d'un homme qui, veuf depuis un mois par exemple, épouserait une deuxième femme, laquelle, un mois après son mariage, mettrait au monde un enfant que le père ne désavouerait pas.

Mais, dans le cas où la filiation existe légalement, quels effets produit-elle d'une manière générale? Selon nous, l'enfant prendra le nom de son père, mais il ne sera pas sous sa puissance; ce père ne lui succédera pas.

Voilà la position faite par le législateur aux enfants incestueux et adultérins. On le voit, d'après ce que nous venons de dire, pour eux, plus encore que pour les enfants naturels simples, la loi s'est préoccupée beaucoup plus de les frapper au point de vue moral, qu'au point de vue matériel. A ce dernier point de vue, en effet, qui se traduit en questions pécuniaires, l'enfant adultérin pourra recevoir du testament de son père, si non toujours au moins le plus souvent, tout ce qu'il aurait recueilli dans sa succession *ab intestat*, s'il eût été légitime; l'auteur ne peut pas se mettre dans le cas de ne pouvoir lui transmettre ses biens, puisque la loi lui défend de le reconnaître. Mais, s'il lui donne ses biens, il ne pourra pas lui donner son nom ; il ne pourra jamais l'appeler son fils ; il ne pourra jamais lui conférer le bénéfice de la légitimité (331, Cod. Nap.); que s'il l'adopte, ce qui est possible, il lui conférera bien des droits à sa succession *ab intestat*, mais, loin de l'appeler par là au rang de fils, il le proclamera lui-même étranger.

Nous terminons par cette observation qui révèle l'esprit de toutes les dispositions concernant les enfants naturels; la loi sait que l'homme, en avançant en âge, aime à se voir renaître dans la personne de ceux qu'il peut présenter comme ses enfants ; c'est une douce consolation pour lui de dire qu'en mourant il ne périra en quelque sorte pas tout entier. Cette consolation, la loi la refuse à celui qui, cédant aux élans désordonnés des passions, a délaissé les chaînes du mariage pour se livrer à des unions illicites et elle a espéré que cette menace rendrait les hommes plus forts pour résister à l'entraînement des passions.

PROPOSITIONS.

Droit Romain.

I. Les jurisconsultes Romains n'avaient point admis une théorie des fautes absolue et précise, applicable à la responsabilité, en matière d'obligations.

II. On pouvait affranchir *apud legatum Proconsulis*.

III. L'affranchi n'est point celui qui *ex justa servitute manumissus est*, mais celui qui *in justa servitute esse desiit*.

IV. Lorsque celui qui a hypothéqué la chose d'autrui, laisse pour héritier le propriétaire de cette chose, le créancier hypothécaire du défunt a, contre l'héritier, l'action utile.

Droit Français.

V. Le meurtre, déclaré excusable par la loi, n'entraîne pas indignité de succéder.

VI. La femme qui renonce à la communauté a hypothèque légale sur les conquêts de communauté que le mari a aliénés seul pendant le mariage.

VII. La séparation de corps entraîne, de plein droit, révocation des avantages que l'époux, contre lequel elle est prononcée, avait reçus de son conjoint.

VIII. Le fils qui renonce à la succession ne peut retenir, sur les biens qui lui ont été donnés par son père, que la quotité disponible et non pas sa part dans la réserve.

Droit Criminel.

IX. Celui qui s'est rendu complice d'un parricide ne peut être reconnu coupable que de meurtre ou d'assassinat.

X. L'ivresse peut être exclusive du délit.

Droit Administratif.

XI. Les tribunaux administratifs ne peuvent point être appelés exceptionnels par rapport aux tribunaux judiciaires.

XII. Le conseil de préfecture est un tribunal administratif d'attribution.

Vu et approuvé par Nous, Professeur-Doyen,
Chevalier de la Légion-d'Honneur,
BOUTEUIL.

Vu et permis d'imprimer :

Le Recteur de l'Académie d'Aix,
Officier de la Légion-d'Honneur,
MOTTET.

TABLE.

DROIT ROMAIN.

TROISIÈME PARTIE.

APPENDICE.

DROIT FRANÇAIS.

PREMIÈRE PARTIE.

DEUXIÈME PARTIE.

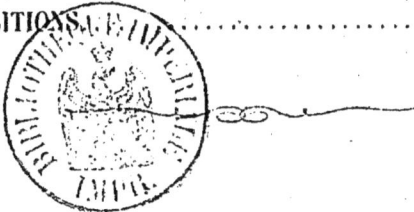

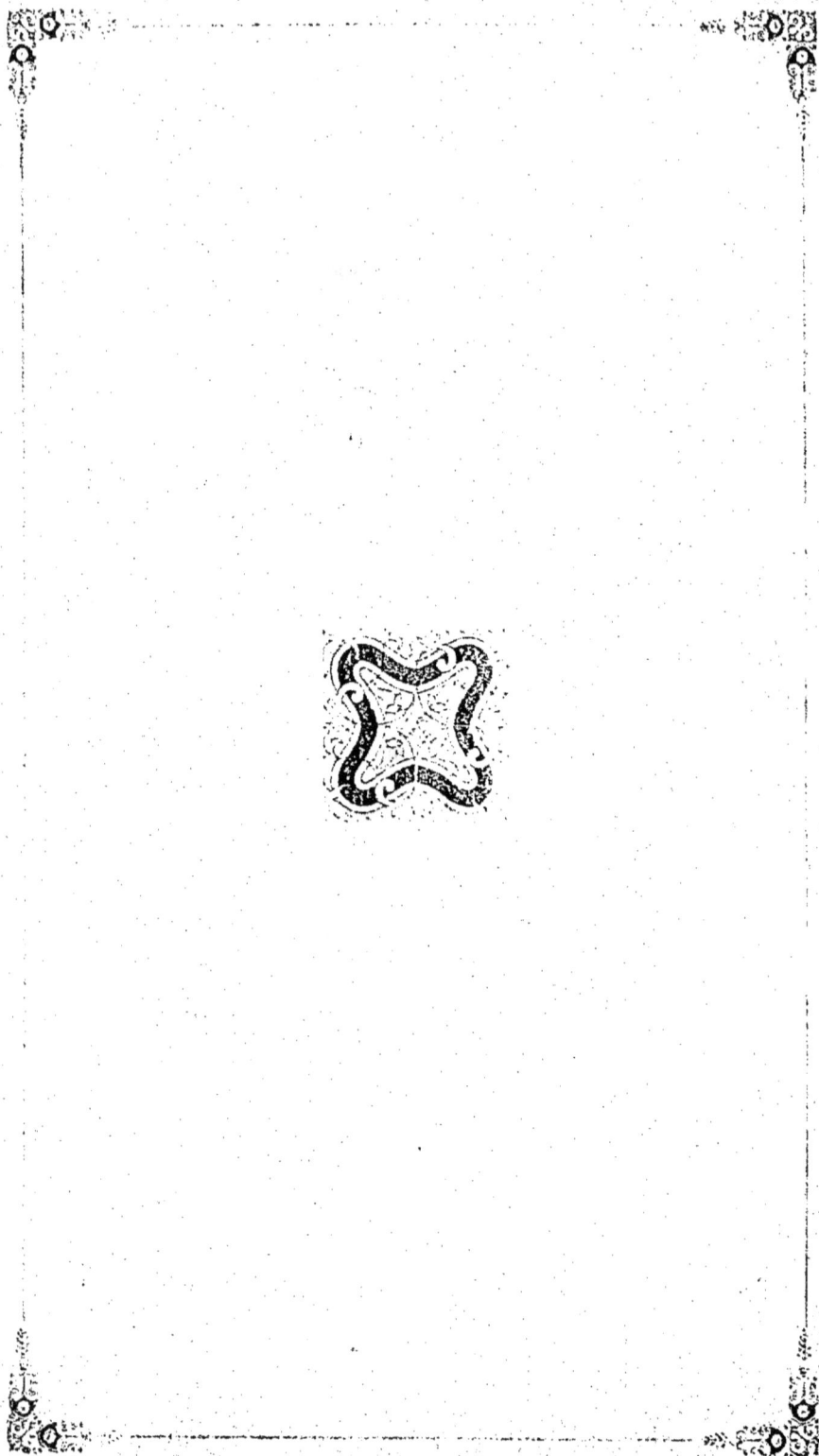

Contraste insuffisant

NF Z 43-120-14

www.ingramcontent.com/pod-product-compliance
Lightning Source LLC
Chambersburg PA
CBHW031326210326
41519CB00048B/3403